JN108081

失敗から学ぶ技術

新規事業開発を
成功に導く
プロトタイピング
の教科書

三冨敬太／Keita Mitomi

Techniques to learn from failure
Prototyping for new business development

SE
SHOEISHA

PROTOTYPING

はじめに

なぜ本書を書いたのか

　そもそもプロトタイピングとは何でしょうか。筆者がこのような質問を企業・大学問わずさまざまな場所で投げかけると「デザイン思考のプロセスのうちのひとつ」「プロダクトを早い段階でつくること」「リーンスタートアップにおけるMVPのようなもの」「実現可能性を検証すること」「ソフトウェア開発の手法のひとつ」など、多様な答えが返ってきます。

　*「誰もがみんな、プロトタイピングについて異なることを期待している[*1]」*

　IBMでUX Design Leadを務めるStephanie Houde氏は、1997年に発表した論文で、そう述べています。彼女が言うように、プロトタイピングという言葉はさまざまな意味合いがあり、あまり明確とは言えません。

　ただ、プロトタイピングを実施する効果は明確です。実務家から研究者まで幅広く、プロトタイピングの効果を指摘しています。例えば、Airbnbの共同創業者ジョー・ゲビア氏は事業立ち上げ時のプロトタイピングの重要さをTEDで語っています[*2]。また、影響力のあるイノベーション思想家の一人であるロバート・G・クーパー博士は、大企業の新製品開発において、最大で50%の資源が無駄になっていると指摘[*3]。このように資源が無駄になる理由をミネソタ大学の助教授であるCarlye Lauff博士は、非効率なプロトタイピングが起因していると説明しています[*4]。

　筆者は、大学院でプロトタイピングの研究をしている研究者、プロトタイピング専門の会社を経営している実務家という2つの側面があります。その研究者と実務家の視点で1,000を超えるプロトタイピングを見てきて、強く思うことがあります。それは、プロトタイピングについて理解を深めて正しく実践することが、サービスや商品などを含む新規事業の成功確率の向上につながるということです。筆者の知識や経験をシェアして、みなさまのプロトタイピング

への理解と実践につなげるために、本書を書きました。

　本書を通して、以下をお伝えします。

　　（1）失敗から学ぶ技術であるプロトタイピングの概要
　　（2）プロトタイピングのマインドセットと行動原則
　　（3）プロトタイピングの具体的な実施方法

　この3つをお伝えすることで、読んでいただくみなさまの新規事業の成功確率の向上につながり、さらにはそれが社会の発展にポジティブな影響を与えることにつながれば本望です。

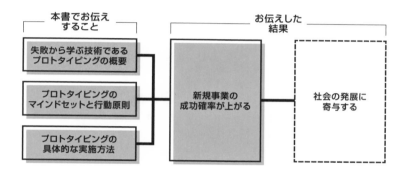

本書を通じてお伝えすることと、その結果

*1: S.Houde, C.Hill, What do Prototypes Prototype?, Handbook of Human-Computer Interaction, North-Holland (1997), 367-381.
*2: https://www.ted.com/talks/joe_gebbia_how_airbnb_designs_for_trust/transcript?language=ja（2022年8月1日時点ではGoogle検索で「TED Airbnbの成功」でも動画が表示されます）
*3: 『ステージゲート法──製造業のためのイノベーション・マネジメント』（ロバート・G・クーパー著、浪江一公 翻訳／英治出版／2012年）
*4: C.A. Lauff, D. Kotys-Schwartz, M.E. Rentschler, What is a prototype? What are the roles of prototypes in companies?, Journal of Mechanical Design 140.6 (2018).

本書の対象読者

▶ 新規事業の担当者の方

　本書はプロトタイピングという言葉を聞いたことはあるけれども、どう実行すれば良いかわからない新規事業の担当者の方をメインの読者としています。プロトタイピングの定義から、実施するうえで必要なこと、活用事例まで幅広く解説しているので、プロトタイピングについての知識や経験がゼロでも、プロトタイピングを理解して実践できるようになります。

▶ プロトタイピングをすでに実践している方

　また筆者が研究と実践を通じて得た知識を解説しているので、すでに実践されている方も、さらに効果的な実践につながる新しい視点を獲得できるはずです。また、より専門的な内容については、本文の中で［深掘りMEMO］としてまとめているので、優先的にお読みください。

本書が役立つ場面

▶ 企業内で新規事業としてアイデアが採択されたが、自信がない

　最初からユーザーが喜んで利用してくれるアイデアはほとんどありません。プロトタイピングを通して、アイデアをよりユーザーが求めるものにブラッシュアップしていく方法を学べます。

▶ 新規事業を進めるチームメンバーのモチベーションが低いように感じる

　モノをつくったり、体験するプロトタイピングにより、チームメンバーのモチベーション、さらにはチーム外のステークホルダーのモチベーションを高めることができます。

▶ プロトタイピングのやり方がメンバー間で異なり、円滑に進まない

　プロトタイピングはさまざまな方法があります。そのため、人によって認識がすれ違い、コミュニケーションがうまくいかないことがあります。プロトタイピングをしっかりと理解することで、認識のすれ違いを防ぎ、円滑に進めることができます。

▶ プロトタイプをつくる費用がかさんでしまう

　プロトタイピングのやり方次第では、プロトタイプをつくる費用を抑えることができます。例えば、制作を外注するのではなく、自分たちのチームで粗くプロトタイプをつくることで費用を低減できます。

▶ 社内で新規事業の予算が取れない

　まだ正式なプロジェクトになっていないときにプロトタイピングを安く実施することで、予算がない状態でもリアリティが高く、説得力のあるプレゼンテーションができます。それにより、次のステップに向けた予算を獲得することにつながります。

本書のプロトタイピングのスコープ

　プロトタイピングという言葉が意味する範囲は非常に広いため、本書だけでプロトタイピングのすべてをカバーすることはできません。本書においては、新規事業の創出を目的とした、アイデアやコンセプトを固める初期段階を中心に扱います。そのため、量産のための実現可能性を検証するプロトタイピングなどは基本的には含んでいません。

本書の流れ

Chapter.1　「プロトタイピングを知る」
　　　　　　　具体例や定義、歴史的な背景などさまざまな視点からプロトタイピングを紹介します。これにより、プロトタイピングの基本概念やメリットを知識として得られます。

Chapter.2　「プロトタイピングをする　〜心構え編〜」
　　　　　　　プロトタイピングをするにあたり、持っておくべきマインドセットや行動原則を紹介します。これにより、効果的なプロトタイピングを行うための心構えを得られます。

Chapter.3　「プロトタイピングをする　〜プロセス編〜」
　　　　　　　プロトタイピングのプロセスと、プロセスで行うことを具体的に紹介します。これにより、プロトタイピング全体の流れを把握で

きます。

Chapter.4 「プロトタイピングをする　〜演習編〜」
新規事業のアイデア例をもとに、プロトタイピングの実施例を紹介します。これにより、プロトタイピングのイメージをより具体的に持つことができます。

Chapter.5 「プロトタイピング活用事例」
Chapter4までの内容をさらに発展させ、さまざまな企業で活用されているプロトタイピングの事例を紹介します。これにより、プロトタイピングの活用の幅を広げることができます。

また、各章内の本文以外に［COLUMN（コラム）］と［深掘りMEMO］と［参考文献］があります。

- **[COLUMN]**：関連性はあるものの、本筋から少し逸れた内容です。内容の補強としてお読みください。
- **[深掘りMEMO]**：本筋で紹介した研究の文献の情報など、プロトタイピングをより詳しく知りたい方向けの情報です。
- **[参考文献]**：本書の範囲はプロトタイピングの初期段階のみになるため、カバーできる領域には限りがあります。そのため、本書の範囲から外れてしまうものの、学びを深めたい方のために参考になる文献の紹介情報です。

本書の読み進め方は次の表を参考にしてください。

概要	本文					COLUMN	深掘りMEMO	参考文献
	Chapter							
	1	2	3	4	5			
プロトタイピングをあまり知らなくて、しっかり理解したい人 まずChapter1〜Chapter5をお読みください。そのあと、COLUMNや深掘りMEMO、深く知りたい領域の参考文献をお読みください。	◎	◎	◎	◎	◎	○	○	○
プロトタイピングをあまり知らないけれど、すぐに実践したい人 まず実践的な内容のChapter3〜Chapter5をお読みください。その後、実践するための補足として、Chapter1〜Chapter2やCOLUMNなどをご参照ください。	○	○	◎	◎	◎	○	△	△
プロトタイピングをある程度知っていて、さらに深く知りたい人 Chapter3で紹介しているプロトタイピング戦略は、現時点ではあまり日本語の文献で紹介されていないのでチェックしてみてください。また深掘りMEMOは優先的にお読みください。	△	△	◎	△	○	○	◎	△

　プロトタイピングにはさまざまな方法があります。本書においては海外の研究の知見や、実践を通じて得た知見を交えて解説します。それによりプロトタイピングについての理解を深め、正しく実践することでみなさまの新規事業の成功確率の向上につなげられたらと考えています。また、本書を読んでいてプロトタイピングをしてみたくなったら、本を読み進めることを一旦やめて、試しにやってみてください。それがプロトタイピングを理解することにつながります。

COLUMN　仮説と現実とのギャップ

　本書のタイトルにもなっている、失敗。世の中にはさまざまな失敗がありますが、失敗はなぜ起こるのでしょうか。筆者は「失敗は仮説と現実とのギャップから生まれる」と考えます。新規事業を企画書や仕様書ベースで進めると、問題に気づくことが遅れることがあります。例えば、アイデアのユーザーニーズのなさ、想定外の技術的なハードルなどです。

　有名な失敗例ですが、電動立ち乗り二輪車のセグウェイは、当初約100億円以上の

資金が投入され「人間の移動形態を変える革命的な製品」であるとされていました。ただ、販売しても思うように売れず、2020年に生産が終了。セグウェイが想定していた仮説「富裕層は立ち乗り型で移動する乗り物があれば、高価格でも利用する」は、現実とのギャップが大きかったのです。実際、セグウェイをリリースしてみると、ターゲットユーザーの富裕層は健康意識が高く、セグウェイを利用するより歩くことを好みました。つまり、想定していたユーザーの価値についての仮説は、現実との大きなギャップが存在したのです。

　このように、仮説と現実とのギャップが起こると、失敗につながります。ただ逆に、このギャップを埋めることで失敗を防ぐことができます。そして、仮説と現実のギャップを少なくするには、早く現実を知る必要があります。そのプロセスを手法としてまとめているのが、プロトタイピングです。プロトタイピングの本質は、仮説をすぐに試して現実とのギャップを把握し、修正してギャップを埋めることです。このプロセスにより仮説と現実のギャップを小さくできます。つまり、プロトタイピングは失敗を先取りすることで、大きな失敗を防げるのです。

プロトタイピングにより、
ギャップをなくす

Contents

Chapter1
プロトタイピングを知る

Chapter2
プロトタイピングをする ～心構え編～

Chapter3
プロトタイピングをする ～プロセス編～

Chapter4
プロトタイピングをする 〜演習編〜

Chapter5
プロトタイピング活用事例

Chapter1

プロトタイピングを知る

プロトタイピングについて具体例や定義、歴史的な背景などさまざまな視点からお伝えします。これにより、プロトタイピングの基本概念やメリットを知識として得られます。

PROTOTYPING

具体例から知る

プロトタイプの具体例

最初に、プロトタイプの具体例を4点紹介します。

例① ウェブサイトやアプリのプロトタイプ

まずは、ウェブサイトやアプリのプロトタイプである、ワイヤーフレームです。ワイヤーフレームは、ウェブサイトやアプリをつくり込む前に、時間をかけずに簡易的にウェブサイトやアプリを再現するものです。つくる際には、紙やMicrosoft PowerPointなどのプレゼンテーションツール、専用ツールのAdobe XD（https://www.adobe.com/jp/products/xd.html）などを用います。

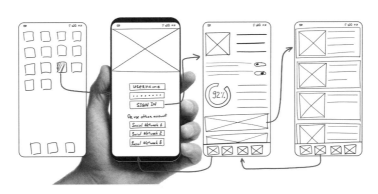

ウェブサイトやアプリのプロトタイプであるワイヤーフレーム

ワイヤーフレームをつくっておくことで、さまざまな効果が得られます。例えばデジタルサービスの新規事業アイデアを考えていたとします。そのアイデアをプログラミングしてウェブサイトやアプリをつくる前に、ワイヤーフレームをユーザーに見せてフィードバックをもらうことで、そもそもアイデアがユー

ザーに求められているか、掲載する情報に問題がないかを早い段階で確認できます。

例 ② 手術器具のプロトタイプ

　2点目は、デザインコンサルタント会社のIDEOが、鼻腔内の外科手術に用いる新たな器具を開発するプロジェクトで、素早くつくったプロトタイプです。器具開発のミーティング中に、医療機器メーカーや外科医からさまざまな意見が出て、まとまらなかったそうです。そこで、ミーティングの途中にIDEOのメンバーは席を立ち、その場にあったホワイトボードマーカーとカメラのフィルムケース、洗濯バサミを組み合わせて、ミーティング中に出ていたアイデアの「片手で操作できる手術器具」を素早く形にしました。このプロトタイプによってミーティングの参加者の認識が共通化されて一気に話が進み、業界標準の電子メスを生み出すことになりました[1]。

IDEO社による手術器具のプロトタイプ。写真出典[1]

例 ③ アーケードゲームのプロトタイプ

　3点目は、ゲームセンターで流行した、ワニを叩いて遊ぶアーケードゲーム「ワニワニパニック」のプロトタイプです。ワニワニパニックはハンマーで出てくるワニを次々に叩いていくのがなんとも言えず楽しいゲームです。このゲームをつくるうえで、開発チームはあるプロトタイピングを行いました。まず、大きい段ボールを用意して、段ボールの下部をくり抜く。そして、その段ボールの後ろの穴からスリッパを出し入れして、それを叩いて楽しいかどうかを試しました。つまり、段ボールとスリッパを用いたプロトタイプにより、ゲームの体験を確認したのです。

ワニワニパニックのプロトタイプ。提供：「電ファミニコゲーマー」[2]

例 ④ 交通機関の乗車体験のプロトタイプ

　最後が海外の長距離移動用交通機関の乗車体験を改善するプロジェクトにおけるプロトタイプです。この交通機関は、日本で言うと新幹線のようなものです。プロジェクトチームは、交通機関の乗車体験をより理解するために、乗客の体験をするプロトタイピングを行いました。具体的には「お腹が減っていて何かが食べたい」「英語が話せない」などの状態の乗客になることで、乗客はどのようなことを思い、感じ、行動するかを、体験しながら理解したのです。これにより、交通機関の乗車体験がチームメンバーの中で共通の認識となり、解決するべき課題の仮説がよりクリアになる、コミュニケーションが円滑になるなどの効果が得られました。

　以上はあくまで一例で、他にもさまざまなプロトタイプが存在します。また、最後の例のように、明確なつくったものがなくても、プロトタイピングは可能です。次に、プロトタイプとプロトタイピングという言葉の整理をします。

交通機関の乗車体験のプロトタイプ[3]

*1: 『発想する会社！— 世界最高のデザイン・ファーム IDEO に学ぶイノベーションの技法』(トム・ケリー、ジョナサン・リットマン著、鈴木主税、秀岡尚子 翻訳／早川書房／2002年)
*2: 『ワニワニパニック』開発者からグループ会長にまで上り詰めた男が語る、ナムコ激動の40年。創業者・中村雅哉との思い出、バンダイ経営統合の舞台裏 https://news.denfaminicogamer.jp/projectbook/180914（最終アクセス日 2022/8/2)
*3: M.Buchenau, J.F. Suri, Experience prototyping, Proceedings of the 3rd conference on Designing interactive systems: processes, practices, methods, and techniques (2000).

1 2 定義から知る

プロトタイプとプロトタイピングの定義

端的に言うと、プロトタイプは**完成する前のモノや体験**です。そして、プロトタイピングは**プロトタイプを活用したプロセスや手法**です。完成する前のモノや体験とは、例えば最終的にウェブサイトがつくりたいのであれば、紙やプレゼンテーションツールでつくったワイヤーフレーム、内部確認用のテストサイトなど、完成品のウェブサイトにいたる前のモノです。

完成する前のモノや体験　プロトタイプ（Prototype）
プロトタイプを活用したプロセス・手法　プロトタイピング（Prototyping）

プロトタイプとプロトタイピングの定義

プロトタイプとプロトタイピングの関係性を整理します。例えば、紙でつくったワイヤーフレームはプロトタイプです。そして、ワイヤーフレームを使って行う行為がプロトタイピングになります。例えば、プロトタイプであるワイヤーフレームを実際のユーザーに触ってもらいフィードバックを受け、結果を評価することはプロトタイピングです。

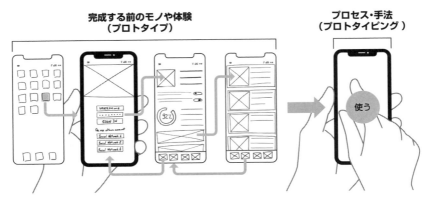

完成する前のモノや体験
（プロトタイプ）

プロセス・手法
（プロトタイピング）

使う

プロトタイプとプロトタイピングの関係性

　先ほど紹介した交通機関の乗車体験であれば体験した乗客の状態や電車の環境がプロトタイプで、その結果を評価するところまで含めた全体がプロトタイピングです。一般的なプロトタイプはつくったモノを指すことが多いですが、本書ではさまざまなものを組み合わせて実施する体験もプロトタイプに含めます。

 体験することで深く理解する Experience Prototyping

　体験するプロトタイピングは Marion Buchenau 氏らが「Experience Prototyping」として2000年に論文で発表しました（正確には Proceedings Paper ですが、非常に多く引用されており影響度は高いと考えています。また、本書においては以降も Proceedings Paper である場合も便宜上論文と表記します）。この論文の中で、新しい価値を持つサービスをデザインするためには、取り巻く環境や状況を理解することが重要であり、その環境や状況を意図的に体験し、気づきを獲得するための手法として Experience Prototyping が提示されたのです。
　論文の中の具体的な例としては、心臓病患者用のペースメーカーをリデザインするプロジェクトが取り上げられています。このプロジェクトの Experience Prototyping として「ペースメーカーによる振動がいつどこで発生するかわからない」という体験をするためにチームメンバーにポケットベルを配布し、胸の部分に貼り付け、ランダムに振動させる体験を行いました。このプロトタイピングにより「震えるタイミングがランダムであることで、常に恐怖心を感じてしまう」という気づきを獲得してプロジェクトを前に進めることにつながりました。

このように、^氏らはモノをつくらなくても既存のモノの組み合わせで体験をするプロトタイピングを提示し、その価値を示したのです。

**モノをつくる
プロトタイピング**

**体験
プロトタイピング**

多数存在するプロトタイピングの定義

本書では「プロトタイプを活用したプロセス・手法」をプロトタイピングの定義としましたが、実はプロトタイピングの定義は数え切れないほど存在しています。例えば「デザイナーがアイデアを見つけるための方法」「アイデアの実験モデル」「アイデアをカタチにしてユーザーに伝えること」など抽象度が高いものもあります。その他にも「機能や製造プロセスのテストに使用される本格的なプリプロダクションモデル」「ユーザーと開発者が運用シナリオと対話することで、機能の評価を可能にするモックアップまたはモデル」など具体的な定義までさまざまです。そして、以上の定義は一例で明確なプロトタイピングの定義はありません。とはいえ定義がないと理解しづらいので、本書上でのプロトタイプの定義は完成する前のモノや体験、プロトタイピングはプロトタイプを活用したプロセスや手法として進めます。

深掘り MEMO プロトタイプの忠実度という概念

プロトタイプを完成する前のモノや体験とした際に、どのくらい完成品に近いのかを示すのがプロトタイプの忠実度です。プロトタイプの忠実度は低・高などで示されます。忠実度が低いプロトタイプは、短期間で構築されて完成品には遠いものです。

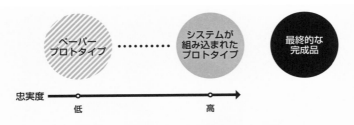

プロトタイプの忠実度は完成品にどの程度近いかで判断する

　例えば、SNS機能があるウェブサイトを開発したいとします。その際の手書きのワイヤーフレームはまだシステムも動作せず、機能が制限されているので忠実度が低いプロトタイプです。逆に、ユーザーがデータを入力できる、メッセージに反応するなど、インタラクティブに機能を確認できる場合は、システムが動作しているため完成品に近く、忠実度が高いプロトタイプです。もちろんどちらが優れているというわけではなく、ケースバイケースで使い分けることが重要です。

	メリット	デメリット
低忠実度	○ 開発コストを下げる ○ 否定するハードルを下げ、アイデアを素早く修正できる ○ 複数のコンセプトを評価できる ○ 早期にコミュニケーションを取り認識を共通化できる	✕ エラーチェックが限られている ✕ コード化するための詳細な仕様がない ✕ 実用性、有用性が限定される ✕ 全体の流れが限定される
高忠実度	○ 機能を完成度高く試せる ○ インタラクションを確認できる ○ ユーザー主導で検証できる ○ 最終製品の外観と感触が再現できる ○ 仕様書として機能する	✕ 開発に時間・コストがかかる ✕ 設計には効率が悪い ✕ 要件収集には効果的でない

ソフトウェア開発における低忠実度と高忠実度プロトタイプのメリット・デメリット

歴史から知る

プロトタイピングの歴史における4つの段階

　そして、プロトタイピングの定義が複数ある理由は、歴史的な背景が影響しています。そこで、プロトタイピングの歴史を振り返ってみます。

　論文で、プロトタイピングという言葉がどのように使用されてきたのかをGoogle Scholarを用いて調べた結果（論文タイトルにprototype, prototypingが入っているものをリサーチ）、プロトタイピングの歴史は大きく4つの段階に分けられることがわかりました。

　早い段階でプロトタイピングを扱った論文として、1972年に航空機でのプロトタイピングの活用方法を記述したものがあります[*1]。最初期では航空機のようなハードウェアを対象としたエンジニアリング分野において用いられていました。

　2つ目の段階は、ソフトウェアを対象にしたエンジニアリング分野での発展です。1983年にソフトウェアのプロトタイピングに関する研究だけを扱ったカンファレンスと呼ばれる研究大会が開かれました[*2]。

　3つ目の段階はデザイン分野での発展です。1997年のハーバード・ビジネス・レビューで、プロトタイピングがデザインのビジネス分野で使用され始めている旨の記述があります[*3]。その3年後の2000年には、IDEOのMarion Buchenau氏が『Experience Prototyping』というタイトルで、デザイン分野で初めてのプロトタイピングに関する論文を出しました。

　そして4つ目の段階としてエンジニアリング分野のプロトタイピングと、デザイン分野のプロトタイピングの両方を意識して使い分ける考え方が出てきました[*4]。

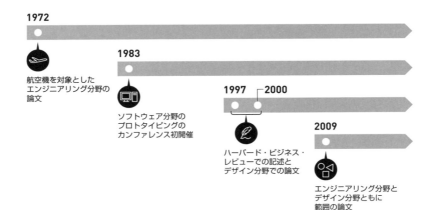

1972
航空機を対象とした
エンジニアリング分野の
論文

1983
ソフトウェア分野の
プロトタイピングの
カンファレンス初開催

1997 ┌ 2000
ハーバード・ビジネス・
レビューでの記述と
デザイン分野での論文

2009
エンジニアリング分野と
デザイン分野ともに
範囲の論文

プロトタイピングの歴史

　このように、歴史的に見るとエンジニアリング分野・デザイン分野それぞれ
で段階を経て活用されてきています。その影響で、それぞれの分野で定義や目
的・手法が異なっています。

深掘り MEMO　T字型プロトタイピング

　T字型プロトタイピングは、スタンフォード大学のアクティブラーニング型の授業
で体系化され、教えられています。この授業では、企業から出された課題に対して、
学生が課題を解決するアイデアを提案します。そしてこの授業ではプロトタイピング
をデザイン分野に基づいた**デザインプロトタイピング**とエンジニアリング分野に基づ
いた**エンジニアリングプロトタイピング**の2つに分けて教えています[4]。

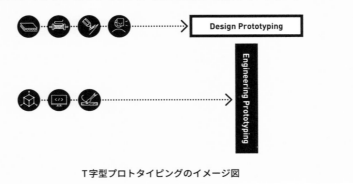

T字型プロトタイピングのイメージ図

デザインプロトタイピングは、アイデアの検討段階など早い段階で行うスケッチや体験などのプロトタイピングです。また、エンジニアリングプロトタイピングは、アイデアやコンセプトが決まったあとの最終的な設計段階でのプロトタイピングです。この2つのプロトタイピングを活用することを**T字型プロトタイピング**と呼び、デザイン分野のプロトタイピングでアイデアや機能を幅広く広げ、エンジニアリング分野のプロトタイピングで深堀をします。このように、用いられてきた分野で歴史や定義は異なるのですが、それぞれのプロトタイピングの特徴をしっかりと理解したうえで、両方活用することが求められてきています。

*1: H.Altis, Choices for the Future: An Industry Viewpoint on Prototyping, SAE Technical Paper 720848(1972).
*2: R. Budde, K.Kuhlenkamp, L.Mathiassen, H.Züllighoven, Approaches to prototyping: proceedings of the Working Conference on Prototyping, October 25-28, 1983, Namur, Belgium. Springer Science & Business Media (2012).
*3: D.Leonard, F.R.Jeffrey, Spark innovation through empathic design, Harvard business review 75 (1997), 102-115.
*4: M.Lande, L.Leifer, Prototyping to learn: Characterizing engineering student's prototyping activities and prototypes, Proceedings of ICED 09, the 17th International Conference on Engineering Design. 1 (2009).

1 4 視点から知る

　プロトタイピングはエンジニアリング分野とデザイン分野で定義や方法がそれぞれ異なります。そこで、認識を共通化して理解しやすくするための2つの視点について説明します。

視点①「開発プロセス」

　まず1つ目の視点が**開発プロセス**です。新しい商品やサービスをつくるときは、アイデアを考えるところから設計するところまで、さまざまなプロセスが存在します。以下に開発プロセスの例として、アイデアを生み出す「アイデアの創造」、そのアイデアをブラッシュアップする「コンセプトの策定」、コンセプトに基づいてどのようにつくるかの設計を行う「概念設計」、概念に基づいて細かいところまで詰める「詳細設計」。そしてそれぞれ設計した内容を「結合」して、開発したうえで「生産、市場投入」するという流れを示します。

開発プロセス

アイデア の創造	コンセプト の策定	概念設計	詳細設計	結合	生産、 市場投入

　ただ、この開発プロセスはプロジェクトによって異なります。例えば、アジャイル開発を導入しているプロジェクトではこのようにウォーターフォール型ではないでしょう。そのため、ここでは開発プロセスという視点があることだけを把握しておいてください。

視点②「分類」

　2つ目の視点が分類です。プロトタイピングを大きく分類すると**価値**と**実現可能性**と**ルック＆フィール**と**インテグレーション**に分けることができます[1,2]。それぞれ説明します。

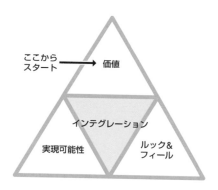

価値のプロトタイピング

　価値のプロトタイピングは、現段階のアイデアがユーザーにとって価値があるかを確認したり、気づいていなかった新しい価値を生み出したりするプロトタイピングです。価値がなければユーザーに使われません。そのため、価値があることを確認できないうちに、実現可能性や見た目を試しても意味がありません。そのため、分類の中でもまず価値のプロトタイピングからスタートする

ことが重要です。実例で言うとChapter 1.1で紹介した、新しい手術器具のプロトタイピングが該当します。これは、片手で操作する手術器具というアイデアにそもそも価値があるかを確認するために実行されています。そのため、価値のプロトタイピングです。

実現可能性のプロトタイピング

実現可能性のプロトタイピングは、アイデアが本当につくれるかなど、実現可能性に関するプロトタイピングです。例えば、AIを活用した新規性と実現難易度が高い機能が存在していた場合、該当部分のコードを書いて動作するか確認するプロトタイピングなどが当てはまります。本当に実現できるのかを確認するのです。

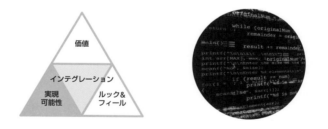

ルック＆フィールのプロトタイピング

ルック＆フィールのプロトタイピングは、見た目や触ってみた感覚に関するプロトタイピングです。例えば、椅子をつくりたいときに、大きさを小さくして形を確認してみたり、素材を用意して実際に触ってみたりするプロトタイピ

ングが当てはまります。

┃ インテグレーションのプロトタイピング

　インテグレーションのプロトタイピングは、価値と実現可能性とルック＆フィールのすべてを統合したプロトタイピングです。ほぼ完成しているベータ版やテストアップしているアプリ、実物大の椅子などが該当します。このプロトタイプを用いることで、価値もわかるし、実現可能性もわかるし、見た目や感覚の部分もわかる完成度が高いものです。

　ただ、インテグレーションのプロトタイプは完成度が高いため、作成するためには工数がかなりかかるので、作成するのは仕様がある程度固まったプロジェクトの後半になります。

　以上がプロトタイピングの分類です。そして、このプロトタイピングの分類と、先ほど記述した開発プロセスを一緒に考えます。

*1: S.Houde, C.Hill, What do Prototypes Prototype?, Handbook of Human-Computer Interaction, North-Holland (1997), 367-381.
*2: 『This is Service Design Doing サービスデザインの実践』(マーク・スティックドーン、アダム・ローレンス、マーカス・ホームズ、ヤコブ・シュナイダー著、長谷川敦士 監修、安藤貴子 翻訳、白川部君江 翻訳／ビー・エヌ・エヌ新社／2020年)

開発プロセスと分類をマッピングして俯瞰的に理解する

開発プロセスと分類を一緒に考えると、以下の図として整理することができます。

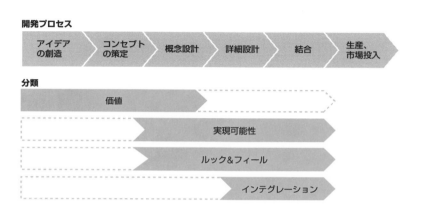

開発プロセス

| アイデア の創造 | コンセプト の策定 | 概念設計 | 詳細設計 | 結合 | 生産、 市場投入 |

分類

価値

実現可能性

ルック＆フィール

インテグレーション

開発プロセスと分類のマッピング図

まず、価値のプロトタイピングからスタートすると説明したように、アイデアの創造やコンセプトの策定など、プロジェクトの早い段階では、まずは価値についてプロトタイピングします。そして、アイデアやコンセプトがある程度固まり、設計フェーズに移ったタイミングで、実現可能性やルック＆フィールのプロトタイピングを行います。実現可能性とルック＆フィールも固まってきたら、それぞれを統合して、インテグレーションのプロトタイピングを実施します。

このように、開発プロセスに応じて必要なプロトタイピングは異なるため、いまのアイデアの開発プロセスはどこで、それに応じて必要なプロトタイピングは何かを意識する必要があります。

また、本書においては事業構築の初期段階のプロトタイピングを対象領域としていますので、開発プロセスとしてはアイデアの創造やコンセプトの策定などの初期段階、プロトタイピングの分類としては価値を重点的に扱います。アジャイル開発のアプローチを採用し、コンセプトを固めながら設計を行う場合でも、設計を固めきる前の初期段階で価値をプロトタイピングすることが重要

です。

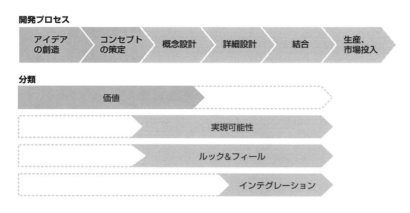

本書において重点的に扱うプロトタイピングのスコープ

プロトタイピングについての噛み合わない認識

　前述のようにプロトタイピングはエンジニアリング分野とデザイン分野で認識が異なる場合があり、認識の齟齬が実際のプロジェクトでも起こります。

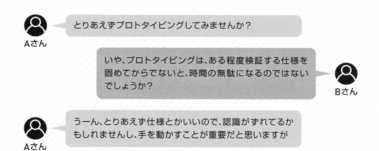

　例えば、Aさんが「とりあえずプロトタイピングしてみませんか？」。それに対してBさんが「いや、プロトタイピングは、ある程度検証する仕様を固めてからでないと、時間の無駄になるのではないでしょうか？」と返す。それに対してAさんが「うーん、とりあえず仕様とかいいので、認識がずれてるかもしれませんし、手を動かすことが重要だと思いますが」。この二人の会話は、少しすれ違っています。このようなすれ違いは実際のプロジェクトでも発生します。この会話を先ほどの2つの視点で考えると、

Aさんは開発プロセスの早い段階での価値のプロトタイピングを認識しています。逆にBさんは開発プロセスの後期で、価値のプロトタイピングはあまり認識しておらず、実現可能性やインテグレーションのプロトタイピングを認識していることがわかります。

このように、認識がずれていたとしても開発プロセスと分類の視点に立ち戻ることで、整理していくことができます。

1 | 5 　価値の状態から知る

「価値の状態」に応じた適切なプロトタイピング

本書においては価値のプロトタイピングを重点的に扱うと説明しました。価値は、アイデアのユーザーが主観的に決めるもので「自分にとって有用であるか・使いたいと思うか」を示しています。砂漠で喉が渇いている人にとって、水は「非常に価値があり」、哲学書は「あまり価値がない」でしょう。そして、その価値は「ない or ある」の2つではなく、グラデーションのような、幅のある概念です。例えば、新しいアイデアがあったとして、Aさんは非常に価値を感じ「すぐにでも使いたい！」という反応だったとします。Bさんはまったく価値を感じず「全然使いたくない」という反応。Cさんはある特定の部分に価値を感じ「この部分はいい」という反応。Dさんは少し価値を感じ「使えるな

ら使いたい」という反応。このように、価値に対する反応は人によってさまざまで「ない or ある」の2つではありません。そして、この価値の状態に応じて実施するべきプロトタイピングは異なってきます[1]。

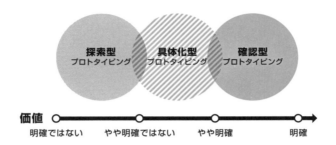

　上の図はユーザーにとってのアイデアの価値の状態と、実施するべきプロトタイピングを示しています。左がユーザーにとって価値があることが明確ではない状態、右がユーザーにとって価値があることが明確である状態です。現状のアイデアの価値は、この中のどの程度の場所かを見定めていき、それに応じたプロトタイピングを考えます。また、開発プロセスと分類のマッピング図との関係は以下になります。

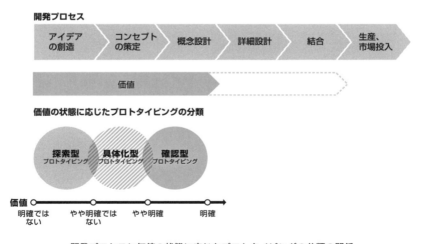

開発プロセスと価値の状態に応じたプロトタイピングの分類の関係

このように価値の状態はグラデーションであり、その状態を捉えることが重要です。

 価値の状態に応じたプロトタイピングを

この価値の状態に応じたプロトタイピングは、筆者が所属する慶應義塾大学大学院システムデザイン・マネジメント研究科の授業「デザインプロジェクト」で2019年に実施された74回のプロトタイピングを分類して構築したものです。価値のプロトタイピングは「探索型」「具体化型」「確認型」に分かれ「探索型＆具体化型」のようにそれぞれ重複することもあります。以下に、それぞれの概要を紹介します。

探索型プロトタイピング

まだ価値が見えていない状態で、価値を探すために実施するプロトタイピングです。プロジェクトの最初期段階で実施される傾向があります。Chapter 1.1で紹介した交通機関の乗車体験をすることで体験全体を理解し、どのような価値を提供するべきかを探すプロトタイピングはこの探索型のプロトタイピングに該当します。

具体化型プロトタイピング

ある程度価値がわかっている状態で、さらに価値を明確にするために具体化するプロトタイピングです。Chapter 1.1で紹介した「片手で操作する手術器具」というアイデアを試すために実施したプロトタイピングはこの具体化型のプロトタイピングに該当します。

確認型プロトタイピング

すでに価値が明確な状態で、その価値を確認するためのプロトタイピングです。探索や具体化を通して明確化した価値を、課題を持っているユーザーにフィードバックをもらうことで確認します。例えば「片手で操作する手術器具」のプロトタイプをブラッシュアップし、実際に利用する医師に見せて、価値があるかのフィードバックをもらうプロトタイピングが該当します。

より詳しくお知りになりたい方は、英文になってしまいますが筆者らによる論文[1]をご参照ください。

---

[1]: K. Mitomi, M. Akaki, N. Kobayashi. K. Takano, Prototyping Classification for Novice Designers Participating in Design Project, Journal of the Science of Design 5.2 (2021), 91-100.

1 6 役割から知る

プロトタイピングの3つの役割

　次に、プロトタイピングの役割を見ていきます。プロトタイピングには**コミュニケーション**、**学習**、**意志決定**という3つの役割があることがわかっています[*1]。この3つの役割は、Lauff博士らが2年間にわたり民間企業の新規事業開発現場に入り込み、実施されたプロトタイピングからまとめたものです。それぞれの役割について見ていきます。

コミュニケーション　　　学習　　　意志決定

プロトタイピングの3つの役割

プロトタイピングの役割：コミュニケーション

　プロトタイピングを行うことで、コミュニケーションにつながります。例えば、チームメンバーや、チームの外のメンバーを交えてプロトタイピングをすることで、同じ体験を共有できます。この同じ体験を共有することが共通の経験の蓄積につながり、一体感を生みます。これにより、コミュニケーションが円滑になるのです。チームで同じようなことを考えていると思っていたとしても、意外とそれぞれの認識が異なることがあります。プロトタイプを通して個人の見解や意見の違いがわかり、コミュニケーションが取りやすくなります。また、プロトタイプがあることで、考えていることの説明がしやすくなります。

プロトタイピングを通して認識が共通化され、円滑なコミュニケーションへ

プロトタイピングの役割：学習

　プロトタイピングを行うことで、新しい知識の収集や、すでに学習された知識を補強できます。そして、学習は大きく2つに分類できます。チームの中でつくる・体験することで獲得できる学習と、チームの外のユーザーからフィードバックをもらうことで獲得できる学習です。例えば、頭の中にあるアイデアを形にしてみると、想像と違うところが出てくるはずです。さらに、それを実際のユーザーに見せてみると、これは求めていないとか、この部分は良いなど想定外の反応が返ってきます。それが学習につながるのです。

プロトタイピングを通して気づきを得て学習する

プロトタイピングの役割：意志決定

　プロトタイピングの結果から、アイデアをさらにブラッシュアップして前に進むか、可能性がないと判断してストップするかなどの意志決定ができます。例えば、事業構築の初期段階で価値があると思っていたアイデアのプロトタイプをつくり、ユーザーに提示した結果、あまりニーズがなかった場合、別の方向性の模索を意志決定できます。さらに他の役割であるコミュニケーションとも関連が深いですが、プロトタイプをユーザーに見せて、ニーズがあるか調査を行い、予算を割り当てるかどうか意志決定も行えます。

プロトタイピングを通してストップするか進めるか意志決定が可能

*1: C.A. Lauff, D. Kotys-Schwartz, M.E. Rentschler, What is a prototype? What are the roles of prototypes in companies?, Journal of Mechanical Design 140.6 (2018).

特にコミュニケーションを重視する

　プロトタイピングは開発プロセスのあらゆる段階で行うことが重要ですが、特にチーム内やチーム外とのコミュニケーションを意識的にすることが、良いパフォーマンスに結び付く可能性があることがわかっています[*1]。

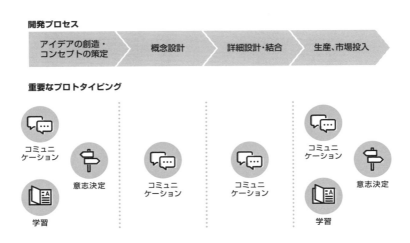

開発プロセスと意識すべきプロトタイピングの役割

　例えば、初期段階では、チームメンバーでアイデアについてのムードボードを作成したり、現時点で想定されるアイデアのチラシを作成したりすることで、メンバー間でのアイデアに対する認識を共通化することが重要です。初期段階で認識の共通化ができていないと、追って認識がずれていることが明らかになり、手戻りのための工数と費用が発生し、多大なロスとなります[*2]。そのため、

認識の共通化につながるプロトタイピングを行っておくことで、余計な工数や費用の発生を未然に防ぐことができます。

また、開発プロセスの後半では、コアメンバー以外の社内関係者の認識を共通化させるために、作成したプロトタイプをプロジェクトに関わる会社や部門などに展開し、ユーザーの利用イメージをつけるなど、巻き込んでおくことが重要です。社内外の関係者でユーザーのニーズなどについてのコミュニケーションをとることで製品の成功確率が高くなることが示されています[3]。このように、どの開発プロセスにおいてもプロトタイピングを通じたコミュニケーションが重要なのです。

[1]: K. Mitomi, M. Akaki, N. Kobayashi, Prototyping in each Development Process to Improve Company and Team Performance, IASDR 2021 (2021).
[2]: B.M.Kennedy, D.K.Sobek, M.N.Kennedy, Reducing rework by applying set-based practices early in the systems engineering process, Systems Engineering 17.3(2014), 278-296.
[3]: D.J.Dougherty, New products in old organizations: The myth of the better mousetrap in search of the beaten path, Doctoral dissertation, Massachusetts Institute of Technology (1987).

1 7 必要性から知る

新規事業開発にプロトタイピングが必須である3つの理由

次に新規事業開発において、プロトタイピングが必要である理由について見ていきます。理由は大きく分けて3つあり、それが**社会環境の変化**、**プロトタイピング研究の進展**、**テクノロジーの進化**です。

理由 ① 社会環境の変化

1つ目の理由は、社会環境の変化です。現代はVUCA（Volatility: 変動性、Uncertainty: 不確実性、Complexity: 複雑性、Ambiguity: 曖昧性の頭文字をつなぎ合わせた言葉）の時代と言われるように、環境そのものの変化が早く、将来の予測が困難です。このような状況下では、しっかりと検討してから実行しても環境が変化するため検討内容の意味がなくなります。そのため、複雑な

状況を認識しながら、柔軟かつ迅速に物事に対応する力が求められます。このような力を、プロトタイピングによって獲得できます。Robert Youmans博士の定量的な調査[*1]で、プロトタイピングを行うことで固定観念が減少し、物事や環境を認識する負荷の軽減につながり、それが複雑な状況をよりうまく処理できることが示されました。また、ノースウェスタン大学の准教授であるElizabeth Gerber博士らは18ヶ月の間、民間企業で実施されたプロトタイピングを調査し、プロトタイピングを実施することで、以下の3つの効果があることを示しました[*2]。

（1）失敗を学びの機会として捉え直す
（2）前進の感覚をサポートする
（3）創造的能力に対する信念を強化する

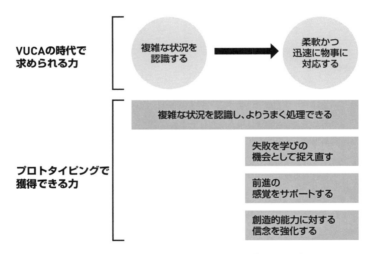

VUCAの時代で求められる力とプロトタイピングで獲得できる力の関係

このように、プロトタイピングを行うことで複雑な問題に直面しても、適切に対応できるのです。

理由② プロトタイピング研究の進展

2つ目の理由は、プロトタイピング研究の進展です。プロトタイピングの効率を最大限に高めるには、プロトタイピングをどのように行うかを検討する必要があります。一方で、プロトタイピングは多様な対象分野、実施方法が存在しており、どのようなプロトタイピングを行えば効果的か、明確な指針がありませんでした。つまり、重要だけれども、どのように実施すれば良いかわかっていなかったのです。その課題に対して、近年、効率的なプロトタイピング方法をまとめた概念である「プロトタイピング戦略」が提示されました[*3]。このプロトタイピング戦略の詳細は、Chapter3で紹介しますが、このプロトタイピング戦略により、効率的なプロトタイピングの方法が明らかになってきています。

理由③ テクノロジーの進化

3つ目の理由は、テクノロジーの進化です。アメリカのテックカルチャー・メディアWired誌の元編集長であるクリス・アンダーソン氏は著書『MAKERS（メイカーズ）──21世紀の産業革命が始まる』（NHK出版／2012）において3Dプリンターやレーザーカッターなどのメイカーツールを用いてモノをデザインし、試作することが一般化されることを予見しました。彼の予見はほぼ正しく、手頃な価格でのメイカーツールの普及が進んでいます。さらに、今後の成長も続き、2030年にはデスクトップ型3Dプリンターの世界年間販売台数が1億台に達するという予測も出ています[*4]。これまで工場に製造を頼まなくてはできなかったことが、家庭やファブラボで出力できるようになりました。

また、ウェブやアプリなどのデジタル領域に関するプロトタイピングツールも数多く出てきています。ノーコードでウェブサイトをつくることができるWix（https://ja.wix.com/）やSTUDIO（https://studio.design/ja）、データベースと連携させたウェブアプリやスマートフォンアプリを構築できるBubble（https://bubble.io/）やAdalo（https://www.adalo.com/）、画面遷移が確認できるものをつくれるAdobe XDやPrott（https://prottapp.com/ja/）など、多様なツールがあり、目的に応じて使い分けることができます。つまり、テクノロジーの進化によりさまざまなツールが登場し、今までデザイナーやプログラマーのみができていたプロトタイピングが、誰でもできるようになってきて

いるのです。

このように社会環境の変化、プロトタイピング研究の進展、テクノロジーの進化という3つの理由により、プロトタイピングは新規事業に必須のものとなってきています。

*1: R.J. Youmans, The effects of physical prototyping and group work on the reduction of design fixation, Design studies 32.2(2011), 115-138.
*2: E. Gerber, M, Carroll, The psychological experience of prototyping, Design studies 33.1 (2012), 64-84.
*3: B.A. Camburn, V. Viswanathan, J. Linsey, D. Anderson, D. Jensen, R. Crawford, K. Otto, K. Wood, Design Prototyping Methods: State of the Art in Strategies, Techniques, and Guidelines, Des. Sci. 3(13) (2017), 1–33.
*4: SAMUEL ADAMS「ASTM INTERNATIONAL TO PUBLISH NEW STANDARD FOR PBF 3D PRINTING」https://3dprintingindustry.com/news/half-million-3d-printers-sold-2017-track-100m-sold-2030-131642/（最終アクセス日 2021/11/2）

 COLUMN プロトタイプとモックアップ

プロトタイプに似ている言葉として「モックアップ」があります。プロトタイプとモックアップは似ている言葉として扱われることが多いですが、その違いを調べるため、Googleが電子化している本のデータから、使用されている単語の数を計測できるツール「Google Books Ngram Viewer」を用いて、2つの言葉を比較しました。以下に示した図は縦軸がすべての言葉の中で該当の言葉が占める割合、横軸が年数です。その結果、1960年まではモックアップ（mockup）が使われている割合が増加していたのですが、1960年以降減少しています。

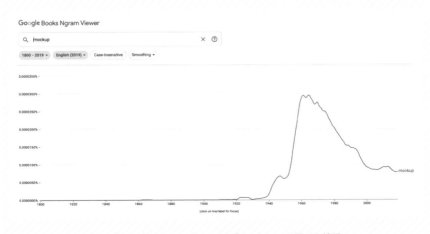

Google Books Ngram Viewerで「mockup」で調べた結果

一方こちらがプロトタイプ（prototype）です。1960年まではモックアップ同様の動きですが、1990年半ば程度まで伸び続けます。

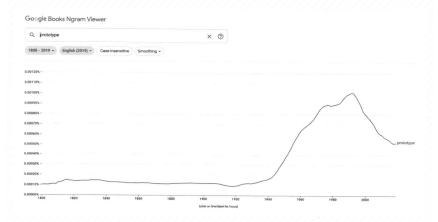

Google Books Ngram Viewer で「prototype」で調べた結果

　プロトタイプが伸び始める1960年を境にモックアップの使用率が減少しているのは、プロトタイプという言葉が使われるようになり、モックアップという言葉の機能も一部代替した可能性が考えられます（そもそも使われる母数としては、プロトタイプが圧倒的に多いところは注意が必要）。また、モックアップという言葉を辞書のCambridge Dictionaryで調べると「まだ製造されていない大きなものの実物大模型で、どのように見えているのか、どのように動くのかを示すもの」と記載があります。これは、モックアップという言葉が1960年ごろに使用される割合がもっとも高かったため、その時代のハードウェア開発における主な用途であったα版としての試作という考え方が残っている可能性があります。つまり、早い段階での価値の検証は対象外で、開発プロセスにおける後半のインテグレーションが主な対象です。つまり、開発プロセスとしては後期、分類としてインテグレーションのものが、モックアップと言われているのではないかと考えられます。

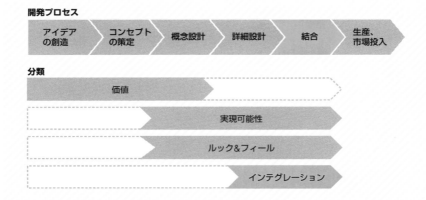

開発プロセス

| アイデア
の創造 | コンセプト
の策定 | 概念設計 | 詳細設計 | 結合 | 生産、
市場投入 |

分類

| 価値 |
| 実現可能性 |
| ルック&フィール |
| インテグレーション |

モックアップという言葉の開発プロセスと分類を用いた整理

　ちなみにプロトタイプという言葉も2000年を境に減少しているのですが、これは PoC（Proof of Concept：概念実証）などの言葉の登場が影響していると考えています。 PoCは分類としては「実現可能性」を指していると認識しているのですが、ここでは プロトタイプとモックアップの関係にとどめるため、ここまでの説明にしておきます。

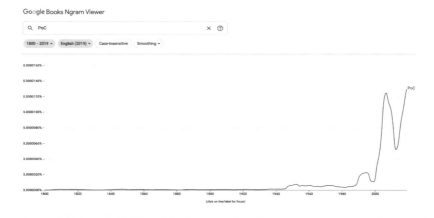

Google Books Ngram Viewer で「PoC」で調べた結果

　起業の方法論である「リーンスタートアップ」について詳しい方はプロトタイピングとMVP（Minimum Viable Product：実用最小限の製品）の違いが気になるかもしれません。違いについて説明するにあたり、MVPの考え方について少し整理します。MVPの目的は、リスクや投資を抑えながら学びを最大化することで「顧客に価値を示すための最小限の体験を提供」することです。この最小限で顧客にとって実用的であるところが重要で、よく車を用いた例で説明されます。

車を例にしたMVPのプロセス[1]

　簡易的に説明をすると、車の持つ「移動できる」という価値を、顧客にとって最小限で実用的なスケートボードを提示することで「移動できる」ことを顧客は求めるかを知るという考え方です。この考え方は、本書で提示している価値のプロトタイピングとほぼ同一です。ただ、異なる点が2つあります。1つ目が、実施する目的です。MVPは基本的に顧客に対してMVPを提示して、フィードバックをもらうことでアイデアを顧客が求めるものにブラッシュアップしていくことを目的としています。一方、プロトタイピングは顧客からのフィードバックをもらうだけではなく、チームの中から得られる気づきも重視します。そのため、顧客からのフィードバックだけではなく、チームの中で制作したり体験をすることで、コミュニケーションの活性化や学習も狙います。

MVPの顧客への提示とフィードバック

　2つ目が、開発プロセスのスコープです。Chapter 1.4で説明したように、プロトタイピングは価値・実現可能性・ルック＆フィール・インテグレーションが存在します。つまり価値の検証が終了したとしても、次に実現可能性、ルック＆フィールと連続的に続いていきます。一方MVPは顧客の持つ価値にフォーカスを当てた概念

です。MVPが用いられるリーンスタートアップでは実現可能性は基本的にSolution Product Fitという顧客の価値を明確化したあとのフェーズで確認することになっています。そのため、MVPで価値は検証できたけれども、技術的に実現ができないことが発生する可能性があります。そのため、実装難易度が高いテクノロジーを用いたアイデアの場合は、価値の検証と並行して早めに実現可能性を検証することを意識する必要があります。

　このように、本書においては、MVPはプロトタイピングの中の「顧客の価値の検証」というところにフォーカスを当てた考え方であると捉えています。そのため、リーンスタートアップのアプローチで事業開発をする場合でも、本書で紹介しているプロトタイピングのアプローチもあわせて取り入れてみてください。

*1 https://commons.wikimedia.org/wiki/File:From_minimum_viable_product_to_more_complex_product.png（最終アクセス日 2022/7/11）

[Chapter1のポイント]

- プロトタイピングはプロジェクトの数だけ存在。本書では定義としてプロトタイプを「完成する前のモノや体験」、プロトタイピングを「プロトタイプを活用したプロセスや手法」とする。
- プロトタイピングはエンジニアリング分野とデザイン分野でそれぞれ特徴があり、双方の特徴を活かしたプロトタイピングが必要。
- プロトタイピングを理解するために開発プロセスと分類の視点を持つ。そして、初期段階では価値のプロトタイピングが重要であり、価値にもさまざまな状態がある。
- プロトタイピングを実施することには「コミュニケーション」「学習」「意志決定」という3つの役割があり、その中でもコミュニケーションが重要。

Chapter2

プロトタイピングをする
〜心構え編〜

プロトタイピングをするにあたり、持っておくべきマインドセットや行動原則の「早く・安く・何度も・並行して」をお伝えします。これにより、効果的なプロトタイピングを行うための心構えを得られます。

PROTOTYPING

2 1 マインドセットと行動原則

プロトタイピングをするうえで重要な「マインドセット」と「行動原則」

　本章では、プロトタイピングをするための**マインドセット**と、実施するうえでの**行動原則**について紹介します。早くプロトタイピングを実践したいという方にとって、心構えに1章費やすのは多すぎる印象があるかもしれません。ただ、プロトタイピングは打ち合わせをしたり、デスクワークをする仕事の進め方とは異なります。そのため、プロトタイピングをするためのマインドセットに切り替える必要があるのです。マインドセットとは自分の経験や教育などから形成される考え方や思考様式です。このマインドセットをプロトタイピングに最適なものにすることで、通常の仕事の進め方から離れて、効果的なプロトタイピングの実施につなげることができます。

　また、マインドセットを切り替えたあとに、実際にプロトタイピングをする際には、最適な行動原則を意識することが重要です。行動原則とは、プロトタイピングをする際に基本的に守るべき事柄であり、例外が起こらなければ意識するべきことです。プロトタイピングを実施するうえで行動原則を守ることで、より効果的なプロトタイピングにつながります。そのため、少し遠回りに感じるかもしれませんが、マインドセットと行動原則について説明します。また、説明をしていくうえでは、マインドセットと行動原則の関係を示した以下の図を用います。

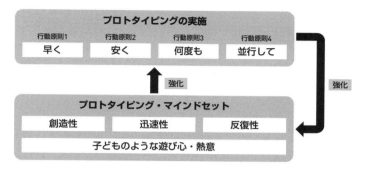

プロトタイピングのマインドセットと行動原則の関係

2 2

プロトタイピング・マインドセット

プロトタイピングには、子どものような遊び心と熱意が重要

最初に、プロトタイピングをするために重要なマインドセットについて説明します。

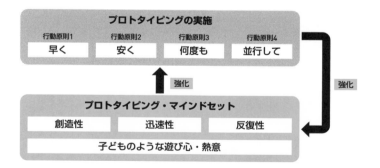

プロトタイピングをするうえで、マインドセットは非常に重要です。Chapter1.1で紹介したIDEOの共同経営者のTom Kelley氏は、彼の論文[*1]の中で「Prototyping is a state of mind.（プロトタイピングは心の持ちよう）」と

書いています。さらに、プロトタイピングで見習うべきは子どものようなマインドセットであると説明します。子どものころを思い出してみてほしいのですが、子どものころはさまざまなものに興味を持ち、すぐに試してみたのではないでしょうか。例えば、雪が降れば外に出て雪で遊び、自転車を手に入れれば親の注意も聞かずに隣町に出かけ、レゴやプラモデルなどのおもちゃがあれば、いつまでも遊んでいる。ただ、いつしかそのような遊び心と熱意は失われてしまった人も多いはずです。プロトタイピングをするにあたり重要なのは、まさにこの**遊び心**と**熱意**なのです。言い換えると、**創造性**や**迅速性**や**反復性**と言えるかもしれません。これらが、プロトタイピングを効果的に実施することにつながるのです。

プロトタイピングをするうえでの重要な要素

　ここまでの結論としては「プロトタイピングをするうえでは子どものような遊び心と熱意を持ったマインドセットが重要である」となります。では、そのようなマインドセットに自信がない人は、プロトタイピングをうまく実施することはできないのでしょうか？まったくそんなことはありませんのでご安心ください。子どものようなマインドセットに自信がなくても問題がない理由を見ていきます。

*1: T. Kelley, Prototyping is the shorthand of innovation. Design Management Journal (Former Series), 12(3) (2001), 35-42.

マインドセットはプロトタイピングを通して獲得できる

　Chapter1.7でも紹介したようにGerber博士らはプロトタイピングには「創造的能力に対する信念を強化する」「失敗を学びの機会として捉え直す」「前進の感覚をサポートする」という効果があることを示しました。つまり、プロトタイピングを実施することで、創造性への自信を得ることができ、失敗を学習

の機会として捉え直すことで、反復的なアプローチを行うことができるようになるのです。プロトタイピングをするうえでは答えがあるわけではありません。義務教育の授業で実施されるような「正解がある絵」を描くわけではないのです。逆に、自分たちのつくったものすべてが正解になります。だからこそ、プロトタイピングを行うことで、純粋につくることや試すことの楽しさを味わうことができ、創造的能力に対する信念が強化されるのです。また、プロトタイプは何度も修正し、つくり直します。それにより、失敗という感覚が薄まり、学習の機会として捉えるようになります。このように子どものようなプロトタイピング・マインドセットは手を動かすことで獲得できるのです。

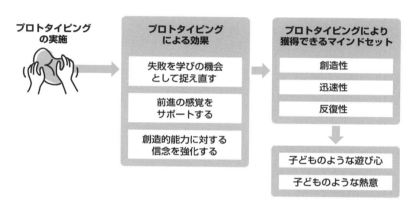

プロトタイピングの実施と獲得できるマインドセットの関係性

ここまではプロトタイピングをすることで、個人のプロトタイピング・マインドセットを獲得できることを紹介しました。そして、それはチームにも波及します。というのも、プロトタイピングをすることでチーム全体の創造性が強化されていくのです。

プロトタイピングをすることで、チームの創造性も強化される

プロトタイピングをすることでチームの創造性も強化される。その理由を示すために、チームの創造性が何から影響を受けているのかを見てみます。これは「Team Creativity Model」というチームの創造性についてのモデルです[1]。

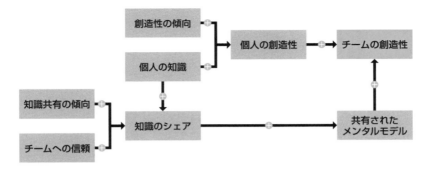

チームの創造性についてのモデル「Team Creativity Model」

　このモデルによると、チームの創造性は個人の創造性だけではなく、チームの中で共通の目標やお互いのスキルについて知識がある状態の「共有されたメンタルモデル」、チームの中での「知識のシェア」、「チームへの信頼」などによっても影響を受けることが示されています。つまり、創造的なチームをつくるためには、創造的な個人を集めることだけではなく、チームのメンバーで知識をシェアできる状態をつくったり、チームメンバーのチームへの信頼を高めたり、チームメンバー間で課題や目標を再度確認したりすることで、創造的なチームをつくることができるのです。

　また、Chapter1.6でプロトタイピングはコミュニケーションの役割があると述べました。具体的には、プロトタイピングを通して「自分の考えやイメージを伝え、理解してもらう」「チームの中で共通の経験を蓄積して一体感を得る」ことにつながります。つまり、一体感を得ることで「チームへの信頼」にもつながり、「共有されたメンタルモデル」もつくることにつながり、自分の考えやイメージを伝えやすくなることで「知識のシェア」にもつながるのです。これにより、チームの創造性が強化されます。

　以上の理由から、プロトタイピングにより個人でプロトタイピング・マインドセットを獲得できるだけではなく、チームの創造性を強化することにつながるのです。

　レシートの裏側に防災情報が書かれており、コンビニやスーパーなど、毎日の買い物の際に防災情報を閲覧することで、サブリミナル効果のように防災情報を少しずつ認知させることを狙った「みまもりレシート」というプロダクトを開発しました。

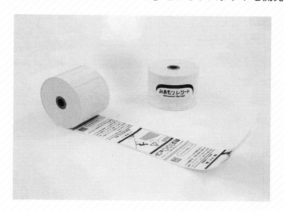

プロダクト：みまもりレシート。2020年度グッドデザイン賞受賞。

　このプロジェクトでは、開発の初期段階からチームメンバーでさまざまなプロトタイピングを実施しました。例えば、まったくアイデアが固まりきっていない段階で公募にA4一枚程度のシートをつくり応募し、メンバーの認識を共通化。また、紙にレシートのような情報を印刷し、レシートの形に切ってみてメンバー同士で店舗での受け渡しを体験してみることも実施しました。それにより、チームメンバーの防災やプロダクトに関する知識が共通化されるとともに、それぞれの考え方を手を動かして知ることで、チームへの信頼も芽生えていきました。このように、個別でパソコンに向かっては得られないチームでの共通の体験が、チームの創造性につながることを感じたプロジェクトです。

*1:　T.D. Vreede, I. Boughzala, G.D. Vreede, R. Reiter-Palmon, The Team Creativity Model : an exploratory
　　case study, Journal of the Midwest Association for Information Systems (2017).

「とりあえずやってみる」ことを大事にする

　プロトタイピングをするには子どものようなマインドセットが重要で、マインドセットはプロトタイピングをすることで獲得できるのだとすれば、現在子

どものようなマインドセットがなかったとしても、とりあえずプロトタイピングをするべきです。

　最初は、とりあえずプロトタイピングをすることに違和感を覚えるかもしれません。「やってなんの意味があるの？」「もう少ししっかり設計しないと」「効果が出るかわからないからもう少し調べよう」「上司にやる意味を説明できないからやめておこう」「つくったことないから恥ずかしい」など、やらない理由は無数にあります。ただ、そのやらない理由を無視して、自分とチームの創造性や迅速性、反復性を向上させ、マインドセットを獲得するために、ぜひとりあえずやってみることを心がけてみてください。それが、良いプロトタイピングにつながる第一歩です。そして、とりあえずやってみるプロトタイピングの方法は何でも構いません。考えたアイデアや担当事業の改善施策を紙にスケッチして誰かに見せてみる。職場にある段ボールや紙を使ってアイデアの工作をつくってみる。少しでも思いついたことは手を動かしてみましょう。

とりあえずやってみることが、プロトタイピングに最適なマインドセットをつくる

参考文献 ―――――

　本書では、あまり創造性には深く触れることはできませんが、研究も多く非常に興味深い分野です。ぜひ興味がある方は、以下の本などを手に取っていただけるとより広く・深く理解することにつながります。

● 『クリエイティブ・マインドセット 想像力・好奇心・勇気が目覚める驚異の思考法』（デイヴィッド・ケリー、トム・ケリー著、千葉 敏生 翻訳）／日経BP ／2014年）
　本書でも何回か引用しているIDEOの創業者により書かれた本で、イノベーションを起こすための、特にマインドセット部分にフォーカスが当てられています。著者の人生や仕事を通して得た知見を共有してくれており、クリエイティブな力を伸ばすためにすぐにでも実践できる形に落とし込んでくれています。

● 『どうしてあの人はクリエイティブなのか?―創造性と革新性のある未来を手に入れ

るための本』（デビット・バーカス著、プレシ南日子、高崎拓哉 翻訳／ビー・エヌ・エヌ新社／2014年）

リーダーシップ、イノベーションなどに関する研究を紹介するウェブサイトの創設者兼編集者が執筆した本です。編集者らしく、ニュートンからピクサーに至るまでの広範な事例や、チクセントミハイやアマバイルなどの研究者の研究内容などを非常にわかりやすくまとめてくれています。

2 3 行動原則1:「早く」試す

次にプロトタイピングを実施するうえでの行動原則について説明します。まずは「早く」です。

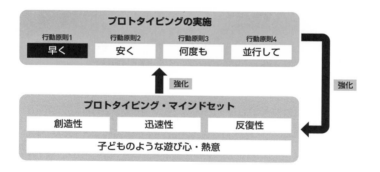

早く試すことがより良い結果につながる

考えたアイデアはできるだけ早くプロトタイピングしましょう。早く試すことが効果的であることは、さまざまな研究により示されています。例えば、Jooyoung Jang博士らは、学生チームが与えられた課題に沿って革新的な製品を提案する授業を分析しました。分析の結果として、より革新的な製品を提案したチームが、より早い段階でプロトタイピングを実施していることを示しました[*1]。つまり、優秀な結果を残したチームは早いタイミングでプロトタイ

プをつくり、優秀でない結果のチームはプロトタイプをつくるタイミングが遅かったのです。

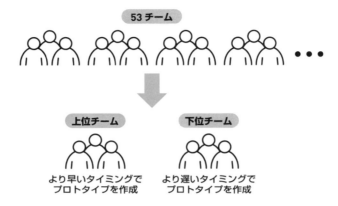

また、Anders Häggman 博士らが2013年に発表した論文では、67名の大学院生が「健康的な生活を実現するヘルスケア」をテーマにアイデアを提案する授業を分析しました。その中でも、早い段階でプロトタイピングをする学生ほど、最終的な提案が良いことが示されています[*2]。

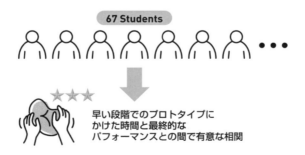

プロトタイピングを早くすることで良い結果が得られるのはさまざまな理由が考えられます。その理由のひとつとして、早く試すことで、現在のアイデアの良くない点に早く気づいて修正できることが挙げられます。逆に言うと、早く試すことができないと修正が困難になっていくのです。なぜでしょうか。

*1: J. Jang, C.D. Schunn, Physical Design Tools Support and Hinder Innovative Engineering Design, Proceedings of the Human Factors and Ergonomics Society Annual Meeting 55(1) (2011).

*2: A. Häggman, T. Honda, M.Yang, The Influence of Timing in Exploratory Prototyping and Other Activities in Design Projects, Proceedings of the ASME Design Engineering Technical Conference (2013).

失敗に気づくのが遅れると、認知バイアスで修正できなくなる

イギリスとフランスが共同開発したコンコルドという超音速旅客機がありました。この旅客機は収益性があまり見込めないにもかかわらず、かけてしまった予算と工数が大きすぎた影響で撤退できず、投資を続けてしまった悪しき例としてよく取り上げられます。

コンコルド機体

この「投資をしたからもったいなくて撤退できない」という心理を、認知の歪みである認知バイアスの「サンクコストバイアス」といいます。コンコルドのような超大型プロジェクトでなくても、身近なところでもサンクコストバイアスは発生します。例えば、趣味でコレクションしたプラモデルがあったとします。今はそこまで興味はないけれども、せっかくコレクションしたので捨てるのはもったいない。だけれども、部屋の面積を圧迫しているし、たまに掃除もしないといけない。ここでも、サンクコストバイアスがかかっています。お金をかけて集めたからもったいなくて捨てられない、と。また、自分に都合が良い情報だけ集めて、都合が悪い情報を見ない認知バイアスを「確証バイアス」といいます。コンコルドの開発を進めるうえでも、プロジェクトを進めるうえで都合が良いデータを見ていた可能性は高いでしょう。

そしてこれは、アイデアにも同様のことが言えるのです。プロトタイピングをしないでアイデアの磨き込みをしたとします。例えば、競合を綿密に調査し

1

2

3

4

5

てビジネスモデルを設計し、企画書や事業計画書を何百ページと書き込み、部内の確認も取っていたとします。そこからプロトタイピングをして、実際にはユーザーにとって価値がなさそうだとわかったときに、素直にアイデアを根幹から修正できますでしょうか。ユーザーからのコメントの良い部分だけを集めて、自分のアイデアを補強して価値があるように判断してしまうかもしれません。意識的にでも、無意識的にでも。このように認知バイアスで正しい判断ができなくなる状況を防ぐためにも、プロトタイピングを早く実行して、早く失敗して修正していくことが重要なのです。

 プロジェクトにかけた時間と評価結果は関係がない？

　紹介したHäggman博士らの研究は、プロトタイピングを早く実施する価値を示した以外にも、多くの興味深い指摘があるので見ていきます。

　まず、改めて分析対象について確認します。67名の大学院生が約3ヶ月半の間「健康的な生活を実現するヘルスケア」をテーマにアイデアを考え、プロトタイプをつくり、最終的にヘルスケアにつながるアイデアの提案を行いました。提案は8名の教授と外部の専門家により、ユーザーニーズの有無などの視点で評価されました。この一連のプロセスの中で、学生は何を行ったかのレポートと、それぞれの活動にかけた時間を分単位で提出。Häggman博士らはそこから学生の活動内容と、提案に対する結果を、上位チームと下位チームを比較する形で分析したのです。以下に、その結果を部分的に紹介します。

プロジェクトにかけた時間と評価結果は関係がない

　長い時間をかけてプロジェクトに取り組んでいる学生や、あまり時間をかけなかった学生など、学生によってプロジェクトにかけた時間は違いました。そして、そのプロジェクトにかけた時間と最終的な評価結果は相関関係が低い結果になりました。つまり、長い時間をかけても評価が低い学生もいるし、あまり時間をかけなくても評価が高い学生もいたのです。仕事でも同じように効率が良い人、悪い人もいますので、新しいものを生み出すことにおいても、やはり時間をかければよいというわけではなさそうです。

上位チームの傾向として、最終的なコンセプトが出来上がったあとにもユーザーと
話をしてフィードバックをもらい、再度アイデアのプロトタイプを修正している傾向
がありました。一方、下位チームは、最終コンセプトが固まったあとにユーザーと話
をする時間が少ない傾向にありました。このように上位チームは最後の最後まで何度
も作成したアイデアを調整しており、これは反復的にプロトタイピングをする重要性
を示していると考えられます。この反復的なプロトタイピングの重要性は、後ほど
Chapter2.5で説明します。

2　4　行動原則2：「安く」試す

安く試すことで効率化につながる

次は安く試すことです。こちらについても研究を紹介しながら、なぜ重要な
のかを説明します。

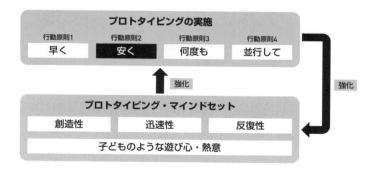

イギリスの研究機関に所属する Nigel Heaton 氏は、ソフトウェアにおける
研究で、しっかりと動作するプロトタイプで主要なインターフェースの問題の
95%を検出できることを示しました[*1]。一方、破棄されることを前提とした、
安くつくることができるプロトタイプをプロジェクトの早い段階で作成するこ

とで、主要なインターフェースの問題の80%を検出できることを示しました。この2つのプロトタイプを比較すると、もちろんしっかりとつくったプロトタイプのほうが、より多くの問題点を検出することができています。ただ、逆に安くつくったプロトタイプでも、80%の問題を検出できているのです。

だからこそ、Heaton氏はプロトタイプをしっかりつくるよりも安くつくったほうが効率化すると主張しています。つまり、早い段階で安くつくって試すことで、問題を早期に検出し解決し、そしてそれを繰り返す。これにより、しっかりつくることよりも効率化につながるのです。

*1　N. Heaton, What's wrong with the user interface: How rapid prototyping can help, In IEE Colloquium on Software Prototyping and Evolutionary Digest London IEE Digest No. 202 Part 7 (1992), 1-5.

テクノロジーの進化により、安く試しやすくなっている

また、テクノロジーの進化で安く試しやすくなっています。例えば、現在はさまざまなノーコードツールがあり、無料で活用できるものもあります。

今までは外注して開発しなければできなかったものが、ノーコードツールを活用することで安く作成できるのです。例えば、ECサイトなどはわかりやすい例でしょう。少し前まではECサイトをつくる場合にはゼロからシステムを開発したり、EC-CUBE（https://www.ec-cube.net/）のようなオープンソースを活用して開発する必要がありました。それがいまでは小規模なものであればBASE（https://thebase.in/）やStores（https://stores.jp/）を活用することで、無料でECサイトを作成できます。このように、安く試せる環境が整っています。

2 5 行動原則3:「何度も」試す

何度も試すことで、何度も失敗する

次は、何度も試すことです。

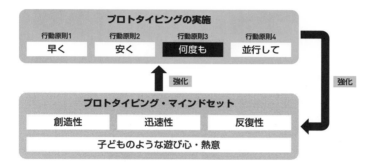

安く・早く試しながら、それを何度も。カリフォルニア大学サンディエゴ校准教授のSteven Dow博士らが大学生を対象に、ある実験をしました[*1]。それは、卵をさまざまな道具でカスタマイズして空中から落として、割れないようにする実験です。具体的には、卵を紙や輪ゴム、テープ、パイプクリーナーなどの材料を用いて落下の衝撃から守り、卵をできるだけ高いところから落とします。そして、卵を落下させて割れなかった最高の高さで競うというものです。

筆者が紙だけで作成した卵を落下させるプロトタイプの例

　流れとしては、最初にどのように材料を用いて卵を守るか考え（設計）、ものをつくり（構築）、最後に卵を空中から落とします（実施）。Dow博士らはこの実験にあたり、参加者を2つのグループに分けました。Aグループはひとつの卵だけを与えられました（非反復グループ）。Bグループは5つの卵を与えられました（反復グループ）。Bグループの5つの卵のうち4つの卵は、設計している最中に試しに落としてみることに使われます。つまり、Aグループは卵を落とすのは本番の1回のみで、Bグループは設計期間に4回、試しに落とす機会を与えられたのです。

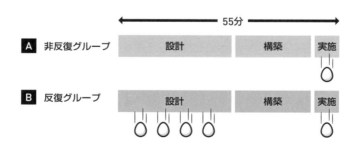

　実験の結果、Bの反復グループのほうが良い成績を上げ、185cmの高さから落としても割れませんでした。Aの非反復グループは100cm程度の高さで割れてしまいました。この結果は、Bの反復グループは設計段階で4つの卵をテス

トで落とすことでより多くの気づきを得たため成績が伸びたのだと考えられます。卵をたくさん使えて、何度も試せているのだから、Bグループが成績良いのは当然であると思うかもしれません。ただ、これが新規事業のアイデアとなると、何度も試すことは置き去りになりがちです。アイデアをプロトタイピングすることで、卵を落として気づきを得るように、現時点のアイデアのどこが良くてどこがだめかを理解することができます。そのため、実験で何度も卵を落としたように、プロトタイピングも何度も行うべきです。もちろん、卵を落とす実験と新規事業は異なりますので正しく比較はできませんが「どうやったら卵が割れないか＝どうやったら新規事業は失敗しないか」を考える点では同じです。

*1: S.P. Dow, K. Heddleston, S.R. Klemmer, The efficacy of prototyping under time constraints,In Proceedings of the seventh ACM conference on Creativity and cognition (C&C '09). Association for Computing Machinery (2009), 165–174.

何度も試すことには不安を感じる

　ただ、何度も試すことは意外と難易度が高いのです。上記の実験で、参加者の中には「あまりに頻繁に反復しなければならないことに、焦りや不安を感じた」人もいたという結果が出ています。頻繁に反復することは、ある種、正確性とトレードオフであり、不確実性を認めることが必要です。

　できるだけ正確にやろうとすると、事前に卵を割らないように詳細に設計してしまいがちです。なので、不確実性と付き合いながらも何度も試すことを意識しておくことが必要です。

1

2

3

4

5

2 6 行動原則4:「並行して」試す

並行して試すことで多面的に学習をする

最後が、並行して試すことです。

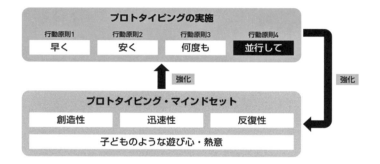

　Chapter2.5で紹介したDow博士らが「連続プロトタイピング」と「並行プロトタイピング」というプロトタイピングのアプローチについて研究をしています[1]。連続プロトタイピングは、ひとつのアイデアやコンセプトを何度も繰り返しプロトタイピングすることです。例えば、ひとつのアイデアのフィードバックを受けて、修正を5回繰り返します。一方の並行プロトタイピングは、複数のアイデアやコンセプトを並行してプロトタイピングすることです。例えば、3つのアイデアやコンセプトを並行してつくり、フィードバックを受けて2つに絞り、再度フィードバックを受けます。Dow博士らがこの連続プロトタイピングと並行プロトタイピングで、どちらが良いパフォーマンスになるかをウェブバナーのデザインを例に検証した結果、並行してプロトタイピングを行うほうが、クリック率が向上するなどの良い結果につながりました。

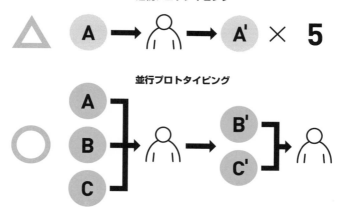

その理由として、複数のデザインを作成することで、多様な概念に触れて学習が促進され、視野が広がったためであると指摘しています。ここで重要なのは、複数のデザインを作成して、A/Bテストのように提示してどちらが良いかを決めるのではないことです。複数のデザインを提示して、どのデザインがなぜ良いのかの理由を学習し、広げた視野で再度新しいデザインをつくり出していくのです。つまり、Chapter2.5で説明した「何度も試す」を基本に、並行プロトタイピングとしてさまざまなアイデアやコンセプトを試すことも重要です。

深掘り MEMO さまざまなプロトタイピングのベストプラクティス

本章では行動原則として「早く・安く・何度も・並行して」を紹介しました。ただ、この原則以外にもプロトタイピングをするうえで重要な要素は指摘されています。例えば、ミシガン大学のMichael Deininger博士らは、プロトタイピングのベストプラクティスを取りまとめています[2]。その中からいくつか抜粋して紹介します。

※「仮定を検証したり、特定の質問に答えたりするための最低限のモデルを設計する」

検証するべき仮説を明確化したうえで、その仮説を確認するための、必要最低限のプロトタイプを設計することをすすめています。

▒「サブシステムや機能を分離し、それらをテストする」

　サブシステムは、システム全体の中の要素のことを指しています。例えば、エアコンにおいて「リモコン」や「エアコン内部の送風機能」はそれぞれサブシステムになります（細かく言うと、エアコン内部の送風機能もまたサブシステムに分割できます）。システム全体でプロトタイプをつくると、プロトタイピングの分類におけるインテグレーションに相当し、どうしてもお金も時間もかかってしまいます。そのため、システムをサブシステムに分けてプロトタイピングすることをすすめています。

▒「ステークホルダーにアイデアを伝える」

　作成したプロトタイプをステークホルダーに見せ、フィードバックをもらうなどコミュニケーションを取ることをすすめています。

*1: S.P. Dow, A. Glassco, J. Kaas, M. Schwarz, S.R. Klemmer, The effect of parallel prototyping on design performance, learning, and self-efficacy, In Stanford Tech Report. 10 (2009).
*2: M.Deininger, S.RDaly, K.H.Sienko, J.C.Lee, Novice designers' use of prototypes in engineering design. Design studies 51 (2017), 25-65.

［Chapter2のポイント］

- プロトタイピングを実施するには、子どものようなマインドセットと、実施するうえでの行動原則が重要。
- マインドセットはプロトタイピングを通じてつくることができるため、「とりあえずやってみる」ことを心がける。
- 行動原則は「早く・安く・何度も・並行して」試すこと。そして、それぞれ関わり合っているため、すべて意識する。例えば、早く試すことが安く試すことにつながり、それが何度も試すことにつながる。また、並行して試すためには早く・安く試す必要がある。

Chapter3

プロトタイピングをする
〜プロセス編〜

プロトタイピングのプロセスである「設計・構築・評価」と、
それぞれのプロセスで実施する内容を具体的にお伝えします。
これにより、プロトタイピング全体の流れを把握できます。

PROTOTYPING

プロトタイピングのプロセス

プロトタイピングのプロセス「設計・構築・評価」

　プロトタイピングのプロセスは**設計・構築・評価**に分けられます。どのような プロトタイピングでも、設計と構築と評価は必ず行います。

プロトタイピングのやり方を設計する

　あなたがもし、旅行をしたいと考えているとします。その場合、まず旅行の 目的を決めるのではないでしょうか。例えば「仕事を頑張ったご褒美に、リゾー トで自分を癒す」。そして次に、どこに・いくらくらいの費用をかけて、誰と、 何泊するかを決める。そして、交通手段や、旅行先での楽しみ方などを決める。 そのように全体を設計すると思います。逆に、設計をしないと、とりあえずふ らっと出かけるような行き当たりばったりの旅行になってしまいます。行き当 たりばったりの旅行ももちろん楽しいですが、当初の「仕事を頑張ったご褒美 にリゾートで自分を癒す」という目的の達成は、全体を設計した場合と比べて 難しくなるのではないでしょうか。

　プロトタイピングをするうえでも、全体を設計しないと行き当たりばったり で効果が低い結果になります。そのため、全体を設計することが非常に重要で す。具体的には**ゴール**と**スケジュール**を決めたうえで、プロトタイピングする べき仮説などの**対象**と、使用できる**リソース**と、**構築とテスト方法**を決めます。 設計をしっかり行っておくことで、より早く構築でき、より良い評価にもつな がります。

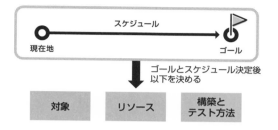

設計内容に沿ってプロトタイプを構築する

次に、設計した内容に基づいて、プロトタイプを構築します。試しにモノを
つくるというような、一般的なプロトタイピングのイメージにもっとも近い部
分です。デジタルプロダクトを開発するためにノーコードでアプリをつくる、
アイデアの価値の確認をするためにチラシをつくるなど、さまざまな方法が存
在します。

構築したプロトタイプを用いて設計した仮説を評価する

構築したプロトタイプを使用したり、意見をもらうことで、設計段階で検討
した仮説へのフィードバックを得ます。そして、そのフィードバックから、仮
説は正しかったかを評価します。

設計・構築・評価は繰り返していく

プロトタイピングは複数回実施することが重要です。そのため、設計した内
容に沿ってプロトタイプを構築し、評価するプロセスを1度で終了するのでは
なく、評価した内容から判断し、再度プロトタイピングの設計を行います。

では、設計・構築・評価をそれぞれ見ていきます。

3 2 設計：ゴールとスケジュールの策定

達成するべきゴールとスケジュールを決める

　設計していくにあたり、最終的に達成するべきゴールと、ゴールに至るまでのスケジュールを決めます。そしてゴールを決めるためには、現在地を知ることが必要です。

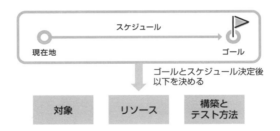

　そこで、Chapter1.4で紹介した開発プロセスと分類の概念を活用します。

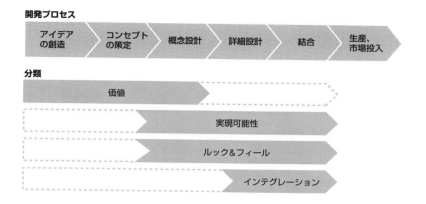

　まず、現在のアイデアは開発プロセスのどこまで進んでいるのかを検討します。本書のスコープは主に価値のプロトタイピングのため、まだアイデアを考え始めた段階を例として説明します。アイデアを考え始めた段階では、価値のプロトタイピングが必要です。そのため、Chapter1.5で紹介した価値の状態の図をイメージし、価値がユーザーにとってどの程度明確なのかを検討します。

　例えば、まだ自分が思いついただけで、実際にユーザーが利用したいかわからなければ、まだユーザーにとって価値があるかは明確ではありません。ここが、アイデアの現在地です。そこから、目指すべきゴールを設定します。

　そして、現在地からゴールに至るまでのスケジュールを検討していきます。プロトタイピングはスケジュールを決めないと、つくるモノのクオリティを上げるためにずるずると時間をつかってしまうので、絶対にスケジュールを決めます。もちろん途中で変更になることはありますが、タイトなスケジュールを

設定しておくことで「早く・安く・何度も」という意識が自然と浸透します。そのため、プロトタイピングする対象やゴールによってスケジュールは変わりますが、目安としては価値のプロトタイピングの場合、最短で1日、長くても1ヶ月以内で引きます[*1]。

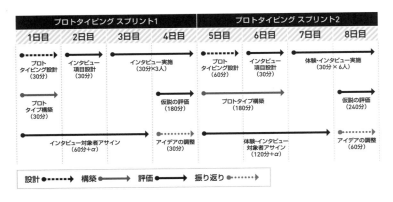

スケジュールのイメージ

　スケジュールを引くための考え方は、本章でプロトタイピングのプロセス全体を理解したあとのほうがわかりやすいので、Chapter 4の演習編で具体例を用いながら説明します。これで、アイデアの現在地とゴール、スケジュールが決まりました。

[*1]: 長くても1ヶ月である理由はアジャイル開発で推奨されている反復期間を参照『アジャイル開発実践ガイドブック - 政府CIOポータル』https://cio.go.jp/sites/default/files/uploads/documents/Agile-kaihatsu-jissen-guide_20210330.pdf(最終アクセス日 2022/8/6)

設計：効率よく設計するための プロトタイピング戦略

プロトタイピング戦略の3つの要素

　次に、プロトタイピング戦略を活用して、プロトタイピングの実施方法を検討します。プロトタイピング戦略とは、プロトタイピングをどのように設計すれば良いかをサポートするための考え方です。このプロトタイピング戦略を用いることで、効率よくプロトタイピングを設計できます。

プロトタイピング戦略要素1 対象の特定	対象	ステークホルダー	
		仮説	
プロトタイピング戦略要素2 リソースの検討	リソース	材料	予算
		時間	人
プロトタイピング戦略要素3 構築とテスト方法	プランとアプローチ	ビルディングプラン	
		テストプラン	
		プロトタイピングアプローチ	

プロトタイピング戦略に必要な要素

　この図のように、プロトタイピング戦略は**対象の特定**、**リソースの検討**、**構築とテスト方法**に分かれます。それぞれ見ていきます。

プロトタイピング戦略要素1：対象の特定

　まず、プロトタイピングを行う対象を決めます。具体的には**ステークホルダー**と**仮説**を明らかにします。ステークホルダーとは、プロジェクトに何らかの利害関係を持つすべての人々です。例えば、実際にアイデアを利用するユーザーや、プロジェクトの承認をする上司や経営層などです。そして、次にステークホルダーごとに確認する仮説を考えます。確認する仮説はさまざまなものが考

えられます。例えば「おうちで飲めるドラフトビール月額固定サービス」というアイデアを考えていたとします（このアイデアの例は、複数回用いるため以後「おうちでドラフトビール」と呼びます）。

このアイデアの場合「おうちで飲めるドラフトビール月額固定サービスを利用したい」という価値に関する仮説でも良いですし、「提供するドラフトビールの入れ物の高さを30cm以内にできる」というような実現可能性に関わる仮説でもOKです。

プロトタイピング戦略要素2：リソースの検討

プロトタイプを構築する際のリソースを検討します。具体的には、使用できる**材料**、用いることができる**時間**、使える**予算**、アサインできる**人**を決めます。そして、これらのリソースの集め方と、内容をまとめます。例えば、使える時間は1時間なのか、10時間なのか、50時間なのか。その時間はどうやったら捻出できるのか。同様に、使える予算は1,000円なのか、100,000円なのか、1,000,000円なのか。その予算はどうやったら捻出できるのかをまとめます。その際のリソースは、できるだけ簡単なものにすることを意識します。例えば、利用する材料はプロトタイピング対象にもよりますが、簡易的なもので構いません。アメリカのノースウェスタン大学では、輪ゴムや布、テープや糸などが収納された「Mockup Materials Cart」を常備し、プロトタイプをすぐにつくれるようにしています。このように簡単なものを用いることで、プロトタイピングを「早く・安く・何度も・並行して」実行できます。

出典：「Mockup Materials Cart」[*1]

プロトタイピング戦略要素3：構築とテスト方法

プロトタイプをどのように構築するのか、そのプロトタイプを用いてどのようにテストするかを決定します。構築とテスト方法は**ビルディングプラン**と**テストプラン**と**プロトタイピングのアプローチ**に分かれます。

▶ ビルディングプラン

プロトタイプの具体的な構築方法を検討します。その際には「プロトタイピング戦略要素2：リソースの検討」で決めたリソースを用います。例えば、A4の紙（材料）を用いて、1時間以内（時間）に、お金をかけないで（予算）、自分だけで（人）チラシをつくるなどです。この際にも、できるだけ早く・安い方法を検討します。

▶ テストプラン

プロトタイピングで「どのように仮説を確かめるのか」「確かめる際に、成功か失敗かをどのように評価するか」を明確化します。例えば「月額でドラフトビールが家で飲み放題であることに価値を感じる」という仮説を確かめるために「1週間のドラフトビール飲み放題を実際に5人に体験してもらい、その後インタビューを実施。強く価値を感じる人がいるかと、価値を感じた理由により評価をする。そして一人でも強く価値を感じてくれる人がいれば仮説は正しいとする」などです。

▶ プロトタイピングのアプローチ

プロトタイピングにはさまざまなアプローチが存在します。例えば、Chapter2.6で紹介した並行プロトタイピングと連続プロトタイピングというアプローチがあります。並行して複数のコンセプトをプロトタイピングするか、ひとつのコンセプトを深めるためにひとつのコンセプトを何度もプロトタイピングするかを決めます。

1

2

3

4

5

　本書で紹介している「プロトタイピング戦略」はLauff博士の論文「Prototyping Canvas: Design Tool for Planning Purposeful Prototypes」[2]で紹介されているプロトタイピング戦略をベースに解説しています。Lauff博士のプロトタイピング戦略では、本書で「対象の特定」としている部分が、Purpose（目的）となっています。ただ、ステークホルダーと仮説を特定することが目的ではなく、そもそもなんのために行うのかというところが目的であると筆者は考えています。そのため、プロトタイピングの外に「ゴール」という検討項目を設けて、Purposeは「対象」と置き換えています。元の論文は英文ですが、短く端的にプロトタイピング戦略についてまとまっているので、より深く知りたい方はチェックしてみてください。

*1: Mockup-Materials-Cart-Info https://cpb-us-e1.wpmucdn.com/sites.northwestern.edu/dist/3/3481/files/2015/03/Mockup-Materials-Cart-Info.pdf (最終アクセス日 2022/8/6)
*2: C.A. Lauff, J.Menold, K. L. Wood, Prototyping canvas: Design tool for planning purposeful prototypes, Proceedings of the Design Society: International Conference on Engineering Design. Vol. 1. No. 1. Cambridge University Press (2019)

埋めるだけでプロトタイピング戦略を検討できるプロトタイピングキャンバス

　このように効率的にプロトタイピングを実施するためのプロトタイピング戦略ですが、概念だけだと使いこなすことは困難です。そこで、ビジネスモデルキャンバスのように、プロトタイピング戦略に必要な要素をA4一枚にまとめたフレームワークがあります。それが**プロトタイピングキャンバス**です。

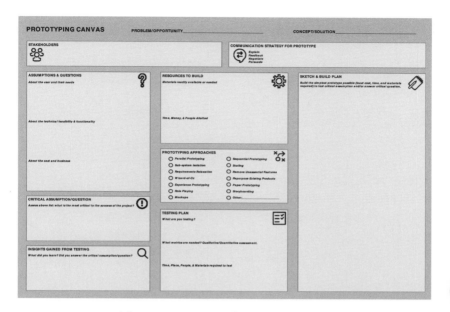

出典：Design Innovation「Prototyping Canvas」

　このプロトタイピングキャンバスに書かれた要素を埋めていくことで、プロトタイピング戦略を考えることができます。プロトタイピングキャンバスは便利なのですが、項目が多いため埋めるのに1時間ほどかかってしまいます。1時間でもプロトタイピング戦略を構造的に考えられることを踏まえると十分早いのですが、さらに早くプロトタイピング設計を行うために、プロトタイピング戦略の要素を削ぎ落とした、**プロトタイピングシート**を作成しました。

簡単にプロトタイピング戦略を検討できるプロトタイピングシート

　プロトタイピングシートは、大きく5つの構成要素からなっています。

P Prototyping Sheet

01　確認したい仮説

02　つくるモノ、
　　体験すること
　　（What）

03　つくるモノ、
　　体験することの
　　構築方法（How）

04　仮説の評価　　　　データ収集方法
　　　　　　　　　　　評価方法

05　評価の結果、
　　気づき

プロトタイピングシート

　まず、確認したい仮説を「01.確認したい仮説」に記入します。そして、確認するために必要なつくるモノや体験することを「02.つくるモノ、体験すること（What）」に記入します。そして、それをどうやってつくるのか、また体験の具体的な構築方法を「03.つくるモノ、体験することの構築方法（How）」に記入します。そして、確認したい仮説をどのように評価するかを「データ収集方法」「評価方法」に分けてそれぞれ「04.仮説の評価」に記入します。記入した内容に沿って実行し、気づいた内容を「05.評価結果、気づき」に記入します。

　このプロトタイピングシートであれば、15～30分程度で記入することが可能です。これにより、プロトタイピングを「早く・安く・何度も・並行して」実行することにつながります。さらに、記入が簡単であるため、チームメンバーで同時に記入をすることで、多様なプロトタイピングの仕方を探索することができます。それが、チームメンバーでそれぞれ考える仮説や評価方法が可視化され、認識の違いを理解することにもつながります。

　実際の新規事業アイデアの例を用いた、プロトタイピングシートの具体的な使用方法についてはChapter4で解説します。また、このシートは本書の付録からダウンロードできます。

3 4 構築:プロトタイプを用意する

価値のプロトタイピングに活用できる10種類のプロトタイプ

　次は構築です。フィジカルなモノや体験できる環境など、数多くのプロトタイプがあります。ここでは、特に価値のプロトタイピングに活用できる10種類のプロトタイプを紹介します。

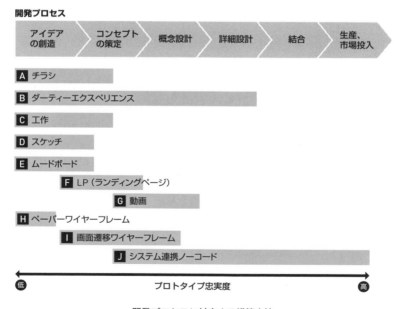

開発プロセスと対応する構築方法

　また、それぞれのプロトタイプの「価値の状態」「プロトタイピングの役割」「アイデアの性質」との相性を整理した表も紹介します。

プロトタイプ種類		価値の状態			プロトタイピングの役割					意志決定	アイデアの性質		
					学習		コミュニケーション						
		明確でない	やや明確ではない	やや明確	チームの中	チームの外	メンバーの認識を揃える	社内を巻き込む	社外を巻き込む	予算を取るなど	フィジカル体験が重要	デジタル体験が重要	新規性が高い
A	チラシ	◎	○	△	○	◎	○	△	△	×	×	×	×
B	ダーティーエクスペリエンス	○	◎	◎	◎	◎	◎	◎	◎	◎	◎	◎	◎
C	工作	◎	○	△	◎	△	◎	△	△	×	◎	×	△
D	スケッチ	◎	△	×	◎	△	◎	△	×	×	×	×	×
E	ムードボード	◎	△	×	◎	×	◎	△	×	×	×	×	○
F	LP（ランディングページ）	×	○	◎	○	◎	○	◎	◎	◎	×	×	○
G	動画	×	○	◎	○	◎	○	◎	◎	◎	×	×	○
H	ペーパーワイヤーフレーム	◎	△	×	◎	△	◎	○	×	×	×	○	○
I	画面遷移ワイヤーフレーム	×	◎	◎	◎	○	◎	○	○	○	×	◎	○
J	システム連携ノーコード	×	×	◎	○	◎	○	◎	◎	◎	×	◎	△

プロトタイプごとの価値の状態・プロトタイピングの役割・アイデアの性質との相性

A. チラシ

　チラシは、自分の考えているアイデアを、存在するかのようなチラシとしてつくるプロトタイプです。チラシには、アイデアの「タイトル」「概要」「イメージできる写真やイラスト」「利用を想起させる値段」などの要素を入れ込みます。チラシを綺麗につくるのに越したことはありませんが「早く・安く・何度も・並行して」つくることが行動原則のため、Microsoft PowerPointやGoogleスライドなどのプレゼンテーションツールでつくれるような、簡単なものでまずはつくりましょう。制作にかける時間も、30分や1時間など、短時間にします。また、近年はチラシのデザインテンプレートが豊富に用意されていて、少しのカスタマイズでクオリティの高いチラシがつくれるCanva（https://www.canva.com/ja_jp/）のようなサービスもあり、活用できます。

▶ どんなときに使うと良いか

　考えたアイデアが、自分やチームは面白いと感じているけれども、ユーザーが求めているかわからないときなどに活用します。プロトタイプのチラシを用意してユーザーにインタビューを行うことで、インタビュー対象者にアイデアを伝えやすくなります。それにより、インタビュー対象者がアイデアを実際に存在するものとして捉えて、客観的なフィードバックをくれる可能性が上がります。そして、インタビューで受けたフィードバックから学習し、よりユーザーにとってニーズのあるアイデアにアップデートすることができます。ただ、インタビューに答えてくれるユーザーは、あくまでチラシに掲載されている情報を参考にフィードバックするため、理解する情報が限定的になります。そのため、ユーザーは自分たちが考えているアイデアをすべて理解してくれているとは考えずに、部分的な理解のもとフィードバックをしていると認識しましょう。アイデアの価値が明確になってきたら、他のプロトタイプに移行して、より正確なフィードバックを受けることを意識します。

B. ダーティーエクスペリエンス

ダーティーエクスペリエンスは、考えているアイデアを、既存のモノを組み合わせるなどして、粗い状態で実際に体験するプロトタイプです。このプロトタイプはやり方次第で実際のアイデアに近い体験ができるため非常に重要です。この方法ではモノをつくらないこともあります。例えば「自分の趣味趣向に応じて最適なお店を、最適なタイミングでレコメンドしてくれるサービス」というアイデアを考えたとします。このアイデアをプロトタイピングするために、システムと連携できるBubbleのようなノーコードツールを用いてプロトタイプをつくろうとすると時間がかかりすぎてしまいます。そこで、既存サービスのLINEを活用して体験をプロトタイピングします。具体的には、まずプロトタイピング用のLINEアカウントをつくり、プロトタイプを体験してもらうターゲットユーザー候補のLINEアカウントと友達になります。

LINEは利用者も多いためダーティーエクスペリエンスと相性が抜群

そして、1週間の間、趣味趣向に応じて最適なタイミングでプロトタイピング用のアカウントから、ターゲットユーザー候補のLINEアカウントにお店に関するメッセージを送ります。この体験を1週間続け、終了後にどのように感じたかをインタビューします。これにより、チラシやランディングページでは獲得することができない、実際に体験したからこその深いフィードバックを得ることができます。さらに、既存のサービスであるLINEを活用することで早く・

安く実施できます。ダーティーエクスペリエンスは「オズの魔法使い」と呼ばれる、ユーザーの操作に併せて裏で人が操作することで、システムがあるかのように振る舞うプロトタイピング方法と近いです。ただ、ここで紹介しているダーティーエクスペリエンスは、ユーザーが操作しない場合も含むため、ダーティーエクスペリエンスという呼称を用いています。

▶ どんなときに使うと良いか

かなり汎用的に使用することができます。特に、考えたアイデアの新規性が高く、具体的な体験がイメージしづらいときに高い効果を発揮します。どうしても今までに体験したことがないアイデアをチラシや企画書で説明されても、イメージがしづらくなります。また、自分で考えた新規性が高いアイデアの体験がイメージしづらい場合もあるでしょう。そのため、既存のモノの組み合わせで実際に近い体験をすることで、アイデアの具体的なイメージができ、アイデアがどのような価値を持つのか理解できます。さらに、ターゲットユーザーに体験してもらうだけでなく、チームメンバーとも一緒に体験をすることで、共通の体験を通してコラボレーションが促進し、コミュニケーションが円滑化するという効果を得ることもできます。

▌ C. 工作

工作は、その名の通りアイデアをフィジカルに早く・安くつくるプロトタイプです。つくるために使うものは何でもOKです。段ボール、紙、テープ、のり、ペン、粘土、はさみ、カッターなど、つくりたいものに合わせて自由に用意します。例えば、スタンフォード大学の授業で「コーヒーチェーンで複数個のコーヒーをテイクアウトするときの体験を改善する」という課題が与えられました。そこで、スタンフォード大学の学生たちは、まずどのようなものであれば持ちやすいかを探るため、段ボールや紐を使って、複数のコーヒーを同時に運ぶためのプロトタイプを試しにつくりました。そのうえで、プロトタイプの改善を繰り返すことで、アイデアをブラッシュアップしていったのです[1]。

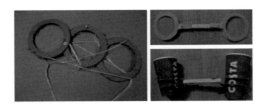

スタンフォード大学での工作プロトタイプ

▶ どんなときに使うと良いか

アイデアの価値がまだ見えていない初期段階で、アイデアがフィジカルな体験が重要な場合に活用できます。このプロトタイプを通して、アイデア自体の価値について学習でき、さらに大きさは問題ないかなど、フィジカルな面も詰めていくことができます。また、チーム内のメンバーと一緒につくることで、認識を揃えることにもつながります。

*1: M.Lande, L.Leifer, Prototyping to learn: Characterizing engineering student's prototyping activities and prototypes. DS 58-1: Proceedings of ICED 09, the 17th International Conference on Engineering Design. 1 (2009).

D. スケッチ

スケッチは、非常に簡単なプロトタイプです。紙とペンさえあれば実施可能で、さまざまなアイデアをプロトタイピングすることができます。例えば、アイデアが実際に利用されるシーンを描いたり、頭の中にあるプロダクトのイメージを描けます。コツは単純ですが、雑なイラストを恥ずかしがらないことです。言葉での補足もまったく問題ないので自信たっぷりに描きましょう。

筆者が所属するveerncaで描かれたアイデアスケッチの例

▶ どんなときに使うと良いか

アイデアがまだ漠然としているときなど、もっとも初期段階に活用します。チームの中での認識のすり合わせはもちろん、チームの外に見せて、素早くフィードバックをもらい学習し、アイデアをクイックにブラッシュアップすることができます。

E. ムードボード

ムードボードは既存のイラストや写真、テキストなどさまざまな素材を組み合わせてボードとして表現するプロトタイプです。オフラインであれば模造紙やスケッチブックに、検討しているアイデアのイメージに近いものや参考になるものを貼り付けていきます。オンラインであれば Miro（https://miro.com/app/）のようなホワイトボードツールを利用すると複数名で同時に編集でき、認識をすり合わせていくことができるため便利です。

例えば筆者は以前「いざというときに役立つ防災情報を裏面に印刷したレシート」というアイデアでムードボードをつくりました。そこには、センスの良いレシートの写真や、レシート自体が取っておかれているイメージが掲載されました。結果的に「取っておきたくなるようなレシートにしたい」という方針がチームで具体化されて合意できました。

1

2

3

4

5

「いざというときに役立つ防災情報を裏面に印刷したレシート」というアイデアでのムードボード

▶ どんなときに使うと良いか

アイデアについてチームメンバーの認識のずれを感じているときなどに有効です。特に、アイデア自体の新規性が高いと、アイデアの認識が人によって異なってきます。そのようなとき、ムードボード上のイメージを通して認識のすり合わせをすることができます。

F. LP（ランディングページ）

LP（ランディングページ）は、自分の考えているアイデアの概要を1枚のウェブサイトとしてまとめることで、アイデアが存在しているように見せることができるプロトタイプです。ランディングページの中には「タイトル」「概要」「イメージできる写真やイラスト」「利用を想起させるための値段」などの要素を掲載します。ランディングページをつくることができるオンラインサービスは多数あり、STUDIO、WiX、ペライチ（https://peraichi.com/）などが有名です。慣れてくると、簡単なランディングページであれば1〜2時間程度で作成することができます。

内の画像下部テキスト：
おうちパーフェクトディナー　　お問い合わせ

最高の食器と食材でつくる料理
は、いつもと違う。

お問い合わせ

本サービスの特徴

筆者が作成したLP（ランディングページ）の例

▶ どんなときに使うと良いか

　検討しているアイデアが存在しているようにユーザーに見せて、フィードバックをもらうところはチラシと似ています。そのため、考えたアイデアが、自分やチームは面白いと感じているけれども、ユーザーにとってニーズがあるかわからないときに活用します。また、チラシにはない特徴として、URLを発行してユーザーに送付し、フィードバックを受けることができます。これにより、50名や100名など多くのユーザーからフィードバックをもらい、量的なデータを取得することもできます。ただ、チラシをつくるより少し時間がかかるので、チラシでユーザーの反応を調査したあとに作成するのがおすすめです。

G. 動画

　動画は、映像表現でアイデアのコンセプトや使用方法を、ユーザーにわかりやすく伝えることができるプロトタイプです。そのため、クラウドファンディングなどでアイデアの説明をする際に用いられることも多いです。動画というと機材の用意などハードルが高いように感じるかもしれませんが、近年のスマー

トフォンのカメラ画質は非常に綺麗で、スタビライザーなどのスマートフォンを固定するツールを用いると、しっかりとした機材レベルの映像を撮影することができます。撮影した映像の編集はMacであればiMovie、Windowsでも無料の編集ツールが存在します。さらに、「A. チラシ」でもご紹介したオンラインサービスCanvaは動画のテンプレートも豊富で、簡単にクオリティの高い動画をつくることができます。

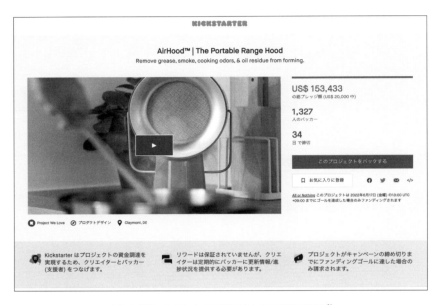

クラウドファンディングで活用されている動画の例[*1]

▶ どんなときに使うと良いか

アイデアのコンセプトや使用方法を、ユーザーにわかりやすく伝えることができる反面、他のプロトタイプと比較して作成するのに時間がかかります。ただ、アイデアを端的かつ感覚的に伝えることができるので、共感が得られやすいという特徴があります。そのため、ある程度アイデアやコンセプトが固まったあとに、クラウドファンディングで支援者を募集する際や、アイデアのプレゼンテーションをする必要があるときなどに効果を発揮します。

Microsoft PowerPoint でもアイデア説明動画がつくれる

　実は、PowerPointを使って動画をつくることもできます。アイデアを説明するための画像をPowerPointのスライドに埋め込み、アニメーション機能を用いてズームをさせて動きを出し、テロップなども配置します。そして、音声データも挿入してBGMやナレーションを入れ込み、書き出します。これにより、簡単なアイデア説明動画などであればPowerPointで作成することができます。

H. ペーパーワイヤーフレーム

　ペーパーワイヤーフレームは、紙を使って簡易的に画面イメージを作成し、アイデアのイメージを具体化するプロトタイプです。例えば、A4の紙を用意して、スマートフォンの端末の型をとり、はさみで切ります。そこに別で作成した画面イメージの紙を差し込むことで、上下に画面が動かせるワイヤーフレームをつくることもできます。

A4の紙を用いたペーパーワイヤーフレームの例

▶ どんなときに使うと良いか

　デジタル体験が重要なアイデアで、自分やチームの中でイメージが固まっていないときに使います。このプロトタイプの作成を通して、自分やチームの中でアイデアのイメージが明確化されていく効果や、ユーザーにペーパーワイヤーフレームを見せてフィードバックをもらうことで、よりユーザーが求めているものに近づけていく効果があります。ただ、他のデジタルのプロトタイプである画面遷移ワイヤーフレームなどに比べると、伝えることができる情報が限定

的なため、もらえるフィードバックが粗くなります。そのため、ペーパーワイヤーフレームにさわってもらうユーザーを集めるのに時間がかかるようであれば、ペーパーワイヤーフレームはチーム内での確認用にするのがおすすめです。

参考文献 ─────────────

　紙を使ったプロトタイプではユーザーからのフィードバックをもらうにしても限界があるのでは？と思われるかもしれませんが「ペーパープロトタイピング」という手法も確立されているくらい効果的なものです。以下の書籍はペーパープロトタイピングだけにフォーカスを当てた本で、ペーパープロトタイプのつくり方からユーザーテストの方法まで幅広く記述されており、非常におすすめです。
● 『ペーパープロトタイピング 最適なユーザインタフェースを効率よくデザインする』
（Carolyn Snyder 著／オーム社／2004年）

I. 画面遷移ワイヤーフレーム

　画面遷移ワイヤーフレームは、デジタルを活用したアイデアにおいて、紙芝居のように画像を組み合わせることで、各ページの要素をつくり、アプリケーションやウェブサイトが存在しているように見せることができるプロトタイプです。これにより、アイデア自体や、アイデアをアプリケーションやウェブサイトで構築した際の掲載情報を評価できます。画面遷移を設定できるプロトタイプをつくることができるオンラインツールは多数あります。特に、Figma（https://www.figma.com/）、Prott、Adobe XD などが有名です。

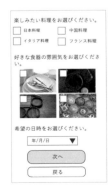

画面遷移ワイヤーフレームの例

▶ どんなときに使うと良いか

　デジタルに関連するアイデアであれば、なるべく早く画面遷移ワイヤーフレームはつくりましょう。理由としては2点あります。1点目が、ユーザーに画面遷移を擬似的に体験してもらうことで、アイデアを利用するシーンをイメージしてもらいながら価値があるかを確認できるためです。2点目が、チームメンバー内でのコミュニケーションに効果的であるためです。想定しているアイデアの各ページに配置する要素を検討していくことになるため、検討の過程でチームメンバーの大事にしているポイントのズレが表面化します。生じたズレを調整していくことで、チームメンバーのコミュニケーション円滑化に役立ちます。

参 考 文 献 ─────────

　ウェブサイトやアプリケーションは日常的に使用していると思いますが、自分で設計しようとすると、意外と難しいものです。そこで、情報設計に役立つ参考書籍を紹介します。

● 『情報アーキテクチャ 第4版 ―見つけやすく理解しやすい情報設計』（Louis Rosenfeld、Peter Morville、Jorge Arango 著／オライリージャパン／2016年）

　どのように情報を設計するのかを「情報アーキテクチャ」と呼びますが、そのすべてがわかりやすくまとまっている一冊です。非常に詳細で、情報の全体の設計方法からラベリングに至るまで、あますことなく網羅されています。表紙は白熊でかわいく、シロクマ本とも呼ばれています。

● 『IAシンキング Web制作者・担当者のためのIA思考術』（坂本貴史 著、宮崎綾子 編集、長谷川恭久 対談／ワークスコーポレーション／2011年）

　ウェブサイトやアプリケーションの制作を行う老舗のネットイヤーグループの筆者が書いた情報設計に関する書籍です。現場で得られた具体的な内容が多く、非常に実践的です。書籍自体は比較的古く、2011年当時と環境変化はありますが、普遍的な設計の概念は変わらないので参考になります。

J. システム連携ノーコード

　システム連携ノーコードは、データベースや位置情報などのシステムを活用することができるプロトタイプです。データベースや位置情報は、本来であれば開発が必要なのですが、システム連携ができるノーコードツールを用いることで実際に開発したウェブサイトやアプリケーションと遜色がない完成度までつくり込むことができます。そのため、ある程度アイデアが固まったあとに、

精度の高いニーズの確認を行うことが可能です。システム連携ノーコードツールは国産のツールが少なく、ほぼ海外のものになりますがBubble、Adalo、Glide（https://www.glideapps.com/）などが有名です。

筆者が所属する会社veerncaで作成したノーコードツールを用いたプロトタイプの例

▶ どんなときに使うと良いか

　デジタルに関するアイデアで、画面遷移ワイヤーフレームを用いたプロトタイピングが終了し、アイデアがユーザーにとって価値があることが明らかになったあとでの活用がおすすめです。システム連携ノーコードプロトタイプは最終的なアイデアにかなり近い動作をするため、社外のステークホルダーにアイデアの価値を伝えて巻き込むことができます。また、ユーザーに実際に使ってもらいアイデアにいくら払えるかを聞くことで、どの程度の利益が得られるかを試算し、予算を獲得することにもつながります。

参考文献 ─────────────────────

　ノーコードツールは数多く存在しており、ツールによって得意な領域が異なり、目的に応じて使い分ける必要があります。どのようなツールがあり、どのようなことができるかを知っておくことで、より効率的なプロトタイピングにつながります。
- 『ノーコードシフト プログラミングを使わない開発へ』（安藤 昭太、宮崎 翼、NoCode Ninja 著／インプレス／2021年）

　例としてお示ししたシステム連携ノーコードプロトタイプを作成してくれた安藤氏が執筆した書籍。安藤氏は世界中のあらゆるノーコードツールをチェックしており、書籍も非常にわかりやすく網羅的にまとまっています。

ノーコードツールの活用タイミング

　近年、ノーコードツールという言葉を聞くことが増えました。ただ、気をつけなくてはいけないのは、ノーコードツールで開発するのがもっとも早くプロトタイピングができるわけではないことです。Chapter2.3でも記述しましたが、プロジェクトの初期段階ではできるだけ簡単なプロトタイプをつくることが重要です。例えば、カーネギーメロン大学で客員教授なども務めるMarc Rettig氏はプロジェクトの初期段階ではソフトウェアでつくることは避け、ペーパープロトタイピングをするなどして、できるだけ早くつくるべきであると指摘します[2]。これを踏まえると、ノーコードツールもソフトウェアであり、操作方法を学ぶなどの学習コストが発生します。例えば、ノーコードツールのBubbleなどは、プログラミング経験がない人が満足できるノーコードプロトタイプをつくれるようになるまでは、ある程度時間がかかってしまいます。また、すでにノーコードツールを使いこなしていたとしても、チラシを30分でつくるより早く開発することはできないでしょう。その観点からはノーコードツールはけっして最速ではないのです。そのため、アイデアを思いついたからといってすぐにノーコードツールを使うのではなく、最速のアプローチを検討し、早めに価値の検証をしていく必要があります。

　以上が、アイデアの初期段階で有効な10のプロトタイプです。あなたが考えているアイデアの状況に応じて、適切なものを選択しましょう。

CADや3Dプリンターの可能性

　テクノロジーの発達により、CADや3Dプリンターなどハードウェアのプロトタイピングに活用できるツールが、手軽に扱えるようになりました。そこで、株式会社リコーで社内ファブスペース「つくる～む海老名」を運営する本美勝史氏に、新規事業におけるCADや3Dプリンターの可能性を聞きました。

CADや3Dプリンターのハードルは下がっている
　「ひと昔前であればCADも3Dプリンターも用意して使うのは大変でしたが、今は無料（ホビーユースやスタートアップなど限定条件で無料）で使えるFusion360（https://www.autodesk.co.jp/products/fusion-360/overview）やBlender（https://blender.jp/）などのCADもありますし、5万円程度でプロトタイピング用途としては

十分な3Dプリンターを購入できます。学習コストも低くなっていて、PCを普段お使いの方であれば1～2時間で動かすことができます。使ううえでのメリットとしては、CADであれば、想定しているアイデアを3次元空間で形にしてみることで360度から確認でき、よりイメージを明確にすることなどが挙げられます。3Dプリンターも家電のように箱から出してすぐに使うことができますし、手先が器用でなくても立体的なプロトタイプを作成できます。作成するプロトタイプも、ペーパープロトと比較して強度が出せ、より正確な寸法で出力することができます」

プロダクトのカタチが重要な新規事業に特に有用

「CADと3Dプリンターを用いたプロトタイプは、細かいサイズをミリ単位で設定し、出力することが可能です。そのため、大きさなどがシビアに要求される工場で用いられるBtoBの製品や、生活者が日常生活の中で使用するコップなど消費財と相性が良い傾向があります。つまり、CADでサイズを変えたデータを複数用意して、同時に3Dプリンターで出力をすることで、並行して複数のサイズが異なるプロトタイプを作成することができます。そして複数のプロトタイプを実際に利用してもらうことで、どのサイズのプロトタイプが最適なのか検証していくことができます。

また、CADや3Dプリンターの使用範囲は非常に広く、上記のようなアイデア初期での利用だけではなく、そのまま最終成果物として使用することもできます。例えば、弊社では3Dプリンターを活用して独自形状の水力発電用プロペラを作成して利用する取り組みなども行っています。ただ、3Dプリンターでの出力は、小さいものでも数時間かかるので、思ったよりか時間がかかってしまいます。そのためペーパープロトで早く、多くのアイデアを出したあと、いくつか選んで3Dプリンターで出力してみる、といった用途が合っています。そのような点を意識したうえで、CADと3Dプリンターを用いたプロトタイピングを試してみてください」

*1: Tidbyt: The Retro Display from the Future https://www.kickstarter.com/projects/tidbyt/retro-display
（最終アクセス日 2022/8/6）
*2: M.Rettig, Prototyping for tiny fingers,"Communications of the ACM 37.4: 21-27. (1994)

構築する際は「できるだけ人を巻き込む」「気づきをメモする」

また、プロトタイプを構築することにより「関わった人の認識の共有化」「モチベーションの向上」などの効果が見込めます。そのため、プロトタイプを構築する際には、できるだけ関わる人を多くすることを意識してください。例えば、チラシをつくるときも、自分だけでやったほうが早いからと一人でつくるのではなく、チームで同時に編集できるGoogleスライドのようなツールを用いて、

複数名でつくってみてください。自分だけでやるよりも時間がかかるかもしれませんが、話し合いながらつくることで認識を共有化できたり、自分の意見がチラシに反映されることによりモチベーションが向上することが、中長期的に見るとポジティブに働きます。また、学習の観点として新しい気づきを得られるという効果も見込めます。そのため、プロトタイプを構築する際に少しでも気づいたことがあれば、メモをしておいてください。そのメモを、次の評価でデータとして扱うことができます。

3 | 5 　評価：データの収集

　次が**評価**です。設計段階で決めた仮説が正しいかを評価します。そして、価値のプロトタイピングの評価は**データの収集、データの把握、データを用いた仮説の評価**という3ステップで進みます。まずは評価対象のデータの収集を見ていきます。

❶ データの収集　❷ データの把握　❸ データを用いた仮説の評価

　仮説を評価するためには、評価するためのデータが必要です。つまり、構築したプロトタイプをさわってもらったり、見てもらったり、体験したりすることを通して、フィードバックとして得られるデータです。そして、評価をするためのデータには**質的データ**と**量的データ**があります。質的データは数値にできない情報です。例えば、ユーザーにプロトタイプを提示した際に得られた「この部分がこういう理由で好き」などのユーザーの発言は、数値にできないので質的データです。量的データは、数値で表せる情報です。例えば、プロトタイプとして用意したチラシを見せて「1：まったく好きでない、2：好きでない、3：

どちらともいえない、4：好き、5：非常に好き」という5段階で評価してもらった結果「3：どちらともいえない」だった。これは、数値で表せる量的データです。

　以上の質的・量的データそれぞれについて「得る対象・得る代表的な方法・プロトタイピングの役割との相性・プロトタイプとの相性」をまとめた表が以下です。

データ分類	データを得る対象	データを得る代表的な方法	プロトタイピングの役割との相性			プロトタイプとの相性									
---	---	---	学習	コミュニケーション	意志決定	チラシ	ダーティーエクスペリエンス	工作	スケッチ	ムードボード	LP	動画	ペーパーワイヤーフレーム	画面遷移ワイヤーフレーム	システム連携ノーコード
質的データ	ユーザー	インタビュー	◎	○	○	◎	◎	◎	×	×	◎	◎	○	◎	◎
		観察	○	△	×	×	◎	◎	△	△	○	△	○	◎	
	チーム内	ディスカッション	◎	◎	×	○	◎	◎	◎	◎	△	△	◎	○	△
量的データ	ユーザー	アンケート	○	×	◎	◎	×	×	×	×	◎	◎	×	△	△

　まず、質的データから見ていきます。質的データは**ユーザー**と**チーム内**どちらからも取得することができます。例えばダーティーエクスペリエンスできる環境をプロトタイプとして用意した場合、ユーザーに体験をしてもらってもいいですし、チームの中で体験してみることもできます。

　データを得る対象がユーザーであれば**インタビュー**や**観察**を通してデータを取得します。プロトタイプの相性としては、チラシや画面遷移ワイヤーフレームはユーザーに見てもらい、触ってもらいながらインタビューをすることで、インタビュー対象者がアイデアをイメージしながらフィードバックできるため

相性が良いです。逆に、ムードボードなどはつくるプロセス自体に価値があるため、出来上がったムードボードをインタビュー対象者に見せてもアイデアのイメージがしづらく、フィードバックが難しくなります。

　データを得る対象がチーム内の場合は、工作プロトタイプをつくる過程や、ダーティーエクスペリエンスを体験する中で気づいたことを、メンバーそれぞれがメモをしておき、時間をとり**ディスカッション**します。そのディスカッションで話した内容を質的データとして扱います。

　量的なデータは数値であるため、分量を集めることでデータや分析内容に対する信頼性を持たせることができます。そして分量を集めるためにアンケートなどを実施します。その際、相性の良いプロトタイプとしてはアンケート上に掲載できるチラシなどが挙げられます。逆に、ダーティーエクスペリエンスは体験することに時間がかかってしまい、量を集めることが難しく、相性はあまり良くありません。

　以上の質的・量的データの特徴を踏まえて、仮説を評価するためのデータを入手する方法を決めていきます。次に、それぞれのデータを得る方法を見ていきます。

質的データを得るユーザーへの「インタビュー」

　ユーザーへインタビューをして、質的データ（発言）を入手することは、価値をプロトタイピングするうえで特に重要になります。理由は、価値を感じるユーザーが自分ではない場合、自分にはその価値の有無はわかりません。そのため、ユーザーへのインタビューで、価値の有無とその理由を理解することが必要なためです。例えば、高齢者向けの新規事業を、40歳未満が多数を占めるチームで開発していて、チームの内部でプロトタイピングをしても、実際のユーザーが本当に価値を感じるかは確認できませんし、理由もわかりません。そのため、当事者に聞くのです。聞くことによって、想定していなかった理由を知ることができます。

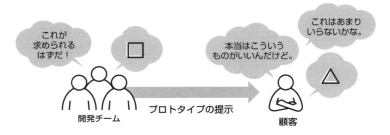

価値を感じるユーザーが自分以外である場合、インタビューは必須

　このように価値のプロトタイピングをするうえでは、ユーザーに対してプロトタイプを提示してインタビューをすることで、価値の有無と理由を確認していくことが重要です。一方、まだ価値がクリアでない場合は、ユーザーがまだ見えていないのでインタビューは実施しなくても、チームの中で体験した結果を共有することで十分な情報を得ることができます。さらに実現可能性のプロトタイピングで技術的な検証を行う場合も、インタビューの重要度は下がります。

インタビューのプロセス

　次に、価値を確認するためのインタビューのプロセスを見ていきます。まず、インタビューには大きく分けて2種類の方法が存在します。1種類目が、インタビュー対象者とインタビュワーが1対1でインタビューを行う**デプスインタビュー**です。2種類目が、複数のインタビュー対象者に同時にインタビューを行う**グループインタビュー**です。価値のプロトタイピングのインタビューでは、価値の有無と理由を深く掘り下げて聞いていく必要があるため、基本的にはデプスインタビューをします。そのため、本書でもデプスインタビューを想定して説明します。インタビューをするためには、大きく分けて以下の3つのステップが必要になってきます。

　①インタビュー対象者の募集
　②インタビュー項目の設計
　③インタビューの実施

ステップ① インタビュー対象者の募集

インタビュー対象を募集するにはいくつかの方法があります。代表的なものを紹介します。

代表的なインタビュー対象者の募集方法

▶ ❶ 知り合い・友人・親族

チームメンバーの知り合い・友人・親族に、ターゲットユーザーに近い人がいる場合にインタビューをさせてもらう方法です。インタビューできるまでのスピードはかなり速いのですが、反面、インタビュー対象者との関係性が近いため厳しいフィードバックを避けることがあります。そのため、実際にインタビューをする際には、直接の知り合い・友人・親族ではないメンバーがインタビューをして、できるだけ率直なフィードバックを得られるようにします。

▶ ❷ 社内・コミュニティメンバー

チームメンバーが所属している会社やコミュニティのメンバーで、ターゲットユーザーに近い人にインタビューをさせてもらう方法です。こちらもインタビューできるまでのスピードは速いですが、自社のメンバーが考えているアイデアだからと、厳しいフィードバックを避ける方もいるため、知り合い・友人・親族と同様、直接関わったことがないメンバーがインタビューをして、率直なフィードバックを得られるようにします。

▶ ❸ 知り合いづて（機縁法）

機縁法は、知り合いづてにインタビュー対象者を探す方法です。チームメンバーの知り合い、もしくは知り合いの中でインタビューしたいターゲットユー

ザーにコネクションがありそうな人に依頼し、インタビュー対象者を探します。ただ、人の紹介をしてもらう際に少し時間がかかってしまう傾向があります。

▶ ❹ SNS

TwitterやInstagramなどで、ターゲットユーザーに近い人に連絡を取り、インタビューをさせてもらう方法です。返信の有無など不確定要素は高いですが、ターゲットユーザーに近い人を探しやすいなどのメリットがあります。

▶ ❺ クラウドソーシング

Lancers（https://www.lancers.jp/）などのクラウドソーシングサイトで、インタビュー対象を探す方法です。zerone（https://zerone.cc/）などのインタビューに特化したクラウドソーシングサイトもあります。注意点として、インタビューしたい人を一定期間サイト上に掲載して募集する場合、応募者が想定より少ない場合もあるので、謝礼金額が魅力的なレベルに設定してあるか、掲載するサイトと掲載内容がマッチしているかなどをしっかり確認する必要があります。また、応募者が少なかった場合に備えて、他の募集方法を並行して利用することをおすすめします。

▶ ❻ 調査会社

インタビューやアンケートを専門としている調査会社に募集を依頼する方法です。調査会社が持っているインタビュー対象者のデータベースから選定してくれるため、ターゲットユーザーに近い人を募集できます。ただ、時間とお金が他の方法と比べるとかなりかかってしまいます。

　以上が代表的なインタビュー対象者の募集方法です。アイデアの価値が見えていない状況では、できるだけ早くアイデアに対してターゲットユーザー当事者からのフィードバックをもらうことが重要です。そのため、上記の募集方法を活用して早くインタビュー対象者を見つけましょう。ただ、その際、ターゲットユーザーと離れた人にインタビューをしても意味がないので、募集する際に想定ターゲットユーザーをしっかりイメージしておき、そのターゲットユーザーと整合性が取れている対象者かをチェックします。

ステップ② インタビュー項目の設計

　インタビュー対象者が決まったら、何を聞くかを検討します。インタビューの進め方には構造化インタビュー・半構造化インタビュー・非構造化インタビューなどが存在しますが、ここでは聞きたい内容はある程度固めておきながら、気になった部分を重点的に聞くことができる**半構造化インタビュー**を前提にします。また、インタビュー項目の例として、**オリエンテーション**、**基本情報、価値の確認、クロージング**という流れで設計した場合を見ていきます。

❶ オリエンテーション	挨拶・目的開示
	安全の確保
	同意の取得
	フィードバック視点の伝達
❷ 基本情報	基本情報の確認
❸ 価値の確認	全体の価値の確認
	構成価値要素①の確認
	構成価値要素②の確認
	構成価値要素③の確認
❹ クロージング	疑問点の確認
	謝意、謝礼の伝達

価値段階でのインタビュー項目の例

▶ ❶ オリエンテーション

　インタビューを始めるにあたり、インタビュー対象者にあらかじめ伝達をしておく事項です。

・挨拶・目的開示

　自己紹介と、インタビューの目的を伝えます。例えば「チラシに記載したアイデアについてのご意見やご感想をいただくことを目的としています」などです。

・安全の確保

　インタビュー内容の使用目的と使用範囲を伝達します。「アイデアのブラッシュアップのためチーム内でのみ使用します」などです。

・同意の取得

　インタビュー内容を録音・録画する場合、同意を取得します。また、プロトタイピングしているアイデアについてインタビュー対象者が把握することになるため、アイデアの漏洩リスクなどが気になる場合は、秘密保持契約を結ぶ必要があります。

・フィードバック視点の伝達

　どのような視点でフィードバックが欲しいのかを伝えます。例えば「自分がユーザーだとした際の率直なご意見をお願いします」などです。前述したように、知り合いへのインタビューだと、インタビュー対象者が気を使ってアイデアに対してわざと好意的なフィードバックをしてくれる場合があります。ただ、この段階で欲しいのはアイデアを改善するためのフィードバックです。そのため「本インタビューを通して私たちでは見えていなかった視点に気づくことが目的のため、厳しい意見でも構いません」と伝えてしまうのもよいでしょう。

> **❷ 基本情報**

　次に、インタビュー対象者の名前や性別や年齢、インタビュー内容に関連する事項を確認します。インタビュー内容に関連することを、先ほど例として登場させた「おうちでドラフトビール」で引き続き考えてみます。その場合、現在のビールの飲料頻度、飲料メーカーなどが考えられます。さらには、日常的な生活や思考に深く入り込み、ビールを飲む理由、一緒に飲む人、飲む前・最中・後の感情の変化などについて聞いておくことで、アイデアに関連するインタビュー対象者の生活や思考をより理解することができます。それにより、インタビュー対象者が価値を感じる・感じない背景を理解しやすくなります。

> **❸ 価値の確認**

・全体の価値の確認

　アイデアを説明したあとに、全体的にどう感じたかを教えてもらいます。例えば「本サービスを利用してみたいと思いますか？また、その理由は何ですか？」「本サービスに価値を感じた箇所、感じなかった箇所はどこですか？また、その理由は何ですか？」「本サービスに費用を払うとしたらいくらまで支払えますか？」などを聞くことで、全体的な価値について確認ができます。インタビュー

をする側としては「価値の確認」をしたいので「価値を感じた箇所はどこですか？」という質問文を例として挙げていますが、「価値」という言葉が伝わりにくい場合は「本サービスでいいなと思ったところはありますか？」など言い換えて質問します。

・構成される価値の確認

　全体の価値を感じる理由について確認します。「おうちでドラフトビール」であれば「月額で飲み放題であることに対して価値を感じましたか？」「ドラフトビールであることに価値を感じましたか？」などです。また、この構成される価値のことを「構成価値」と呼び、Chapter4.2で詳しく説明します。

▶ ❹ クロージング

・疑問点の確認

　実施したインタビューについて質問がないか確認します。

・謝意、謝礼の伝達

　インタビューに協力してくれたことへの謝意を伝え、謝礼を支払う場合は支払方法を伝えます。振り込みだけではなく、Amazonギフト券であれば、メールアドレスもしくはギフト番号で謝礼を支払えるので便利です。謝礼金額としては対象者の属性により異なりますが、1時間あたり5,000円から15,000円程度が一般的です。

　以上のインタビュー項目それぞれについて、質問の所要時間も記載したうえで、Microsoft Excelなどの表計算ツールや、Microsoft Wordなどの文書作成ツールでインタビューシートをつくっていきます。

1

2

3

4

5

interview sheet
インタビュイー：XXXさま
インタビュワー：XXX　書記：×××
提示するプロトタイプ：×××

id	時間(min)	累積時間(min)	質問大カテゴリ	質問中カテゴリ	質問
1	0.5	0.5		挨拶・目的開示	初めまして、インタビューを担当させていただきます、●●と申します。本日は、大学生向けのサービスに関して、検討しているサービスコンセプトをブラッシュアップするために、インタビューの依頼をさせていただきました。そのため、本日は、サービスコンセプトのシートをご提示させていただきますので、フィードバックをいただけると幸いです。
2	0.5	1	オリエンテーション	安全の確保	本日お伺いしたお話は、社内で分析する事のみに利用します。一切外部には開示されませんので、ご安心ください。
3	0.5	1.5		同意の取得	インタビュー開始にあたり、1点お願い事項がございます。●●さんのお話を後日、チームのメンバーで分析する為に、録画させて頂いてもよろしいでしょうか？
4	0.5	2		フィードバック視点の伝達	いまからサービスのチラシをお見せし、いくつか質問をさせていただきます。自分がユーザーだとした際の、率直なご意見をお願いいたします。本インタビューを通して私たちでは見えていなかった視点に気づくことが目的のため、厳しい意見でも構いません。
5	1	3	基本情報	名前・性別・年齢	改めて、名前を性別と年齢をお聞かせいただけますでしょうか。
6	2	5		インタビュー内容関連事項	現在の●●さんの●●のご利用状況についてお聞かせいただけますでしょうか。
7	1	6		プロトタイプの説明	
8	4	10		全体価値の確認	本サービスを利用してみたいと思いますか？
9	4	14		全体価値の確認	本サービスに近いサービスを利用していますか？
10	3	17	価値の確認		本サービスに費用を払うとしたらいくらまで支払えますか？
11	3	20		構成価値の確認	ランダムで3名でコミュニティができるところに魅力は感じましたか？
12	3	23		構成価値の確認	コミュニティになった人とサービス上でテキストメッセージでトークすることができるところに魅力は感じましたか？
13	3	26		構成価値の確認	トークの結果気が合えば、ご飯にいくことができるところに魅力は感じましたか？
14	3	29		構成価値の確認	画像の選択のみという楽なUXで人とつながるところに魅力は感じましたか？
15	1	30	クロージング	終了の明示	以上でインタビューは終了となります。何か、確認しておきたいことなどございませんでしょうか？また、謝礼についてはお薬禍とAmazonギフトカードをEメールでお渡しする方法からお選びいただけますが、どちらがよろしいでしょうか？

インタビューシートの例

ステップ③ インタビューの実施

　インタビュー対象者とインタビュー項目が決定したら、インタビューをします。インタビューはオンラインとオフライン、どちらでも実施することができます。さらにはオフラインでも会議室、インタビュー対象者の自宅、カフェなど場所によって少しずつ特徴が異なってきます。例えば、インタビュー対象者の自宅に伺ってインタビューできる場合、インタビュー対象者の普段の生活がイメージでき、対象者自身もリラックスしてインタビューを受けることができるため、より深い情報を聞くことができます。また、時間の拘束が比較的長くても許容してくれるケースが多くなります。一方、オンラインで実施するインタビューの最大の特徴は、短時間で実施できる点です。そのため、アイデアの初期段階では、早くフィードバックをもらい修正することが重要なためオンラインでのインタビューをおすすめします。もちろん、オフラインのインタビューのほうがインタビュー対象者と継続的な関係性をつくりやすい、相手の言っていることの温度感がわかりやすいなどのメリットがありますが、場所の調整や移動時間などの工数がかかります。そのため、早く実施できるオンラインを選

択することで、より早いプロトタイピングにつなげることができます。

　ただ、オンラインのインタビューの実施にはデメリットもあります。例えば、オンラインミーティングに慣れていない人が対象の場合は、インターネット回線が不安定だったり、画面共有が見えなかったりするトラブルが起こりがちです。そのため、いざというときは電話でインタビューできるようにインタビュー対象者の電話番号を把握するなど、バックアッププランを用意しておきます。また、インタビュー対象者がオンライン環境にあまり慣れていない場合は、オフラインでのインタビューの選択も考えましょう。

　インタビュー方法については非常に奥が深く、さまざまな書籍が出ていますのでそちらを参考にしていただきたいのですが、ここでは価値のプロトタイピングにおけるインタビューで特に重要な5点を紹介します。

▶ 理由を深く聞いていく

　インタビュー対象者の考えや思いについて深く聞くことで、アイデアに対して価値をなぜ感じるか・感じないかを知ることができます。そのために「なぜ？」と発言の理由を深堀していく必要があります。ただ「なぜ？」と普通に聞いてしまうと圧迫的な印象を与えてしまうことがあります。再び「おうちでドラフトビール」を例にして、アイデアの価値について質問をした際に

　「月額固定で家でドラフトビールが飲めるのがいい、外食が好きなので」

という返事があったとします。本来、外食が好きであれば外でドラフトビールも飲めるはずなので、家でドラフトビールが飲めることに価値を感じる理由が気になります。その場合「なぜ外食が好きだと、月額固定で家でドラフトビールが飲めることがいいのでしょうか？」と、直接的に理由を尋ねるのではなく「ちなみに外食はどの程度行かれるのですか？」などと関連する情報を引き出しながら、質問をしていくことで、価値を感じる・感じない理由を婉曲的に聞くことができます。例えば、上記の外食頻度についての質問に対して

　「外食が趣味で週に4回は外で食べていたが、育児をするために外食ができ
　なくなった。少しでも家で外食気分を味わいたくて」

という回答が得られたとします。この場合、インタビュー対象者は「外食をしたいけどできない」という課題があり、だからこそ、おうちでドラフトビールに価値を感じてくれたのだと理解できます。

▶ 今の経験について聞く

　インタビューをしていると、抽象的な話や一般論が多くなってしまうことがあります。例えば

「ビールを購入するにしても、最近はECサイトでも買えますよね」

という発言は、一般論です。価値のプロトタイピングにおいては、ユーザーにとって価値があるかが重要なので、価値に関しての自分の体験を語ってもらうようにします。例えば「具体的に現在は、週にどの程度、どこでビールを買われていますか？」という質問を投げかけることで

「ECサイトでビールの24本パックのケースを定期購入で1ヶ月に1回購入しています」

という今の経験を回答してもらうことができます。今の経験を確認することで、価値があるかの判断基準につながります。おうちでドラフトビールと「ビールの24本パックのケースを定期購入で1ヶ月に1回購入している」という今の経験は「家にビールが常にある状態をつくる」という観点では同じ価値を提供することができます。そのため、おうちでドラフトビールには価値がある可能性があると考えることができます。

▶ 自分のバイアスに意識的になる

　インタビューの文脈でもさまざまなバイアスが存在しますが、ここでは確証バイアスについて言及します。確証バイアスは、自分の仮説に対する思い込みにより発生し、このバイアスにより都合の良い情報だけを取捨選択してしまうことにつながります。例えば、おうちでドラフトビールの場合「30代の働いている男性はドラフトビールが好きなはず」という先入観を持っていたとします。その先入観を持ったままインタビューに望むと、知らず知らずのうちに「ド

ラフトビール」に関するポジティブな情報のみを頭に残してしまうのです。実際にドラフトビールではなく、瓶ビールが好きな人も多くいますが、その情報に気づかないことにつながります。そのため、自分がバイアスを持っていることを意識したうえで、次の事項「メモは逐語（言った言葉をそのまま）で取る」を心がけます。

▶ メモは逐語で取る

　インタビューで聞いた内容をメモする際に、インタビュー対象者の発言をそのまま逐語でメモしましょう。これは、先述した「確証バイアス」を防ぐことにつながります。逐語ではなくメモを取ると、自分が気になった部分だけを抜粋してしまうことがあります。そのため、インタビュー対象者が発言した内容をそのままメモすることで、他の人がメモを見た際に、メモをとった人のバイアスの影響を最小限にできます。また、この逐語でのメモは後ほどの評価の工程でも用います。そして、逐語のメモを自分でインタビューをしながら取るのは難しいので、できればインタビューは2名で行い、1名がインタビュー担当、もう1名がメモ担当とするのがおすすめです。また、オンラインインタビューではインターネット回線が途切れるリスクや聞き逃してしまうこともあるので、インタビューはできるだけ録画しておきましょう。オンラインビデオ会議システムのZoom（https://zoom.us/）などは録画が可能のため、同意を取得したら録画をする流れをインタビューの設計時点で組み込み、録画のし忘れを防ぐようにします。また、同時に行うインタビューが多く、逐語メモをすべて自分たちで作成するのが厳しい場合は、インタビューの録画データを送付することで、逐語メモを作成してくれる「WITH TEAM 文字起こし（https://withteam.jp/mojiokoshi/）」のようなサービスもあります。ただ、納品までに時間がかかってしまい、費用もかかるので、行動原則の「早く・安く」に合いません。そのため、できるだけ自分たちで作成することをおすすめします。

▶ インタビュー対象者への敬意を忘れない

　インタビュー対象者は、自分たちが知りたい領域の専門家であり、話を聞かせてもらっていることを忘れないようにします。そのため、インタビュー対象者の発言は尊重し、違和感を覚えることがあったとしても、反論はせずに、その発言がされた理由を考えるようにします。また、インタビュー対象者への謝

意を述べる時間は大切にしましょう。

　以上、質的データを集める方法としてもっとも重要であるインタビューについて説明しました。このように集めたインタビュー対象者の発言が質的データとなります。

参考文献 ────────────────────────────────────

　インタビューは非常に奥が深く、本書ではごく一部を抜粋して紹介しているのみです。そのため、ぜひさまざまな書籍でインタビューについて学んでみてください。
● 『ユーザーインタビューをはじめよう』（スティーブ・ポーチガル著、安藤貴子 翻訳／ビー・エヌ・エヌ新社／2017年）
　　　インタビューのUXリサーチ全体における立ち位置などの俯瞰的な情報から、インタビューの際のフレーム、さらには「うん、うん」という相槌の大きさという細部にまで、筆者の豊富な経験から記述されていてわかりやすいです。
● 『リーン顧客開発 ─「売れないリスク」を極小化する技術（THE LEAN SERIES)』（シンディ・アルバレス著、堤孝志 監修、飯野将人 監修、エリック・リース編集、児島修 翻訳／オライリージャパン／2015年）
　　　リーンスタートアップを実践するうえでの顧客開発について書かれた本です。インタビューに特化した本ではないですが、必要なインタビュー数や、本当に欲しがっている人とそのふりをしている人の違いなどかなり実践的な内容が書かれています。
● 『ユーザーインタビューのやさしい教科書』（奥泉直子 、山崎真湖人、三澤直加、古田一義、伊藤英明 著／マイナビ出版／2021年）
　　　インタビューの豊富な経験を持つ著者の方々が、非常にわかりやすくインタビューの方法をまとめた一冊です。インタビューを機械探索型とタスク分析型と仮説検証型に分類しており、プロトタイピングのインタビューとしては仮説検証型が特に参考になります。

質的データを得るユーザーの「観察」

　次の質的データを得るための方法が、ユーザーの観察です。用意した工作プロトタイプや画面遷移ワイヤーフレームプロトタイプなどをさわってもらい、その様子を観察します。観察をすることで、プロトタイプを提示された際の本能的な反応や、画面遷移ワイヤーフレームプロトタイプをさわっているときの操作ミスなどを把握することができます。なお、デジタルサービスのダーティー

エクスペリエンスプロトタイプを体験してもらう場合、数日間にわたる場合があります。期間中観察を続けることは現実的ではありません。その場合は、気になった瞬間を写真にとっておいてもらい、コメントを残してもらう「フォトダイアリー法」などを用いると効果的です。このように観察を通して得られた情報を質的データとして扱います。また、観察ではユーザーの考えなどの内面まではデータとして入手することができないため、インタビューと組み合わせることをおすすめします。

質的データを得るチーム内での「ディスカッション」

　次が、チーム内からデータを得るディスカッションです。用意したダーティーエクスペリエンスプロトタイプや工作プロトタイプをチーム内でさわってみたうえで、気づいたことなどを話し合います。この際に、話した内容を記録しておくために随時メモをとりましょう。例えば、想定している価値についてどのように感じたかを話した場合、オフラインであればポストイットと模造紙で、オンラインであればChapter3.4でも紹介したMiroのようなホワイトボードツール上にどんどんメモしていきます。そして、ここで出された内容を質的データとして扱います。

量的データを得るユーザーへの「アンケート」

　最後に、量的データを得ることができるアンケートです。用意したチラシプロトタイプやランディングページプロトタイプなどをアンケートで提示して「1：まったく好きでない、2：好きでない、3：どちらともいえない、4：好き、5：非常に好き」などの段階に応じて、プロトタイプについての印象や、アイデアの利用シーン、関連する事柄について回答してもらう評定尺度法や、「嫌い←→好き」「冷たい←→あたたかい」などの形容詞を評価基準にして、どちらにより近いかを回答してもらうSD法（Semantic Differential）などで量的データを集めます。また、評価基準を提示して選択してもらう以外にも、「このアイデアについて、あなたが高いと感じ始める金額はいくらくらいですか？」「このアイデアについて、あなたが安いと感じ始める金額はいくらくらいですか？」など払える金額感を聞くなどさまざまなアプローチがあります。アンケートは回

答してもらうモニターを見つけるのが難しいため、マクロミルなどのウェブ上でアンケートを代行してくれる調査会社への依頼が便利です。費用は、設問の項目数や配信数や配信対象によって変動しますが、設問30問、500回答回収で¥400,000〜600,000程度が一般的です。このようにして量的データを取得します。

3 | 6　評価：データの把握

質的・量的データで異なる把握方法

❶ データの収集　❷ データの把握　❸ データを用いた仮説の評価

　次に、収集したデータを把握します。データを収集した時点では、インタビューであれば発言の逐語メモがある状態です。特にチームでデータを収集した場合などは、チームメンバー全員がすべてのデータを把握しているわけではないでしょう。そして、どのようなデータかわからなければ、評価をするために用いることはできません。そのため、データを整理して把握します。質的データと量的データはデータの性質が異なるため、それぞれ異なる方法を用いて把握します。ここでは、質的データに対しては**仮説マッピング法**という筆者が用いているオリジナルの方法を紹介します。量的データに対しては、定量的な分析方法の例を紹介します。

質的データを仮説マッピング法で把握する

　設計の際に検討した、確認する仮説について得られたことをまとめます。具体的には、インタビューで得られた発言や、チーム内でディスカッションした際のメモを「仮説関連」「その他」に50文字以内など文字数を限定したセンテンスごとにマッピングします。

仮説関連	仮説A	発言メモ	発言メモ	発言メモ	発言メモ	発言メモ
	仮説B	発言メモ	発言メモ	発言メモ		
	仮説C	発言メモ	発言メモ	発言メモ	発言メモ	
その他		発言メモ	発言メモ	発言メモ		

マッピングイメージ

マッピングは、オフラインであればポストイットに書き、それを模造紙に貼っていきます。オンラインであればMiroなどのホワイトボードツールを用います。

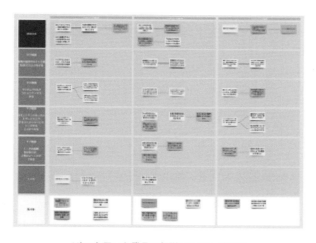

Miroを用いた発言の仮説マッピングの例

価値のプロトタイピングであれば、まず「①価値エリア」に価値の仮説について得られた発言をマッピングします。次に「②その他エリア」に価値の仮説とは直接関係ないけれども、興味深かった発言などをマッピングします。そして「③気づきエリア」に「①価値エリア」と「②その他エリア」にマッピングした発言から、感じたことや気づいたことを記載します。以上を、それぞれのインタビュー対象者の発言ごとに実施し「④一人分記入エリア」のように、インタビュー対象者ごとに列をつくります。

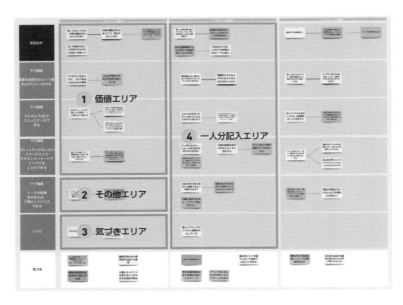

Miroを用いた発言のマッピングの例

　以上のように取得したデータを仮説ベースで整理することで、データを理解することができます。

量的データを各種分析手法で把握する

　アンケートなどで量的なデータを取得した場合、データを把握するにはさまざまな方法があります。例えば、日用品を例として、新しい食器用洗剤のアイデアを考えていたとします。その食器用洗剤のアイデア候補が3つ残っていて、アイデアのどれが良さそうかを判断するため、アンケートで「回答者の属性情報」「回答者の食器洗いについての状況」「アイデアのチラシ・ランディングページへの購入意向や払える金額」などのデータを取得したとします。その場合、3アイデアそれぞれの平均をとり、アイデアごとにどの程度購入したいか、払ってもらえる金額が高いかを把握できます。

　また、より正確に把握するために、多重比較法を用いてそれぞれの平均値の差を比較し、明確に差があるかないかを調べることもできます。また、相関分析でデータの関係性の強さを把握し、それぞれのアイデアの購入意向が高い人・

払える金額が高い人と、属性情報と食器洗いの利用状況の相関関係を調べることもできます。以前、宅配ミールキットサービスにおいて、上記と似た状況で相関分析を行ったことがありました。その結果、特に購入意向が高いのは30代の女性でワインを好み、5歳以下の子どもがいる人であるというデータが示されました。そこで、ターゲットユーザーを30代のお酒好きのママに絞って、アイデアをブラッシュアップしました。

　このように、量的データはさまざまな方法で理解していくことができます。量的データの分析も奥が深い分野なので、参考書籍を示しますので興味がある方は読んでみてください。

参考文献 ────────

● 『図解 アンケート調査と統計解析がわかる本』（酒井隆 著／日本能率協会マネジメントセンター／2012年）
　　アンケート調査項目の設計から、取得するべき数、取得後の分析方法まで、非常に丁寧に記述されています。プロトタイピングを定量的に評価する際に、統計分析の経験がなければおすすめします。
● 『体験設計：ビジョンから優れた経験価値の創出へ』（髙橋克実 著／丸善出版／2022年）
　　40年以上デザイン、プロトタイピングを専門とする会社を経営し、法政大学や芝浦工業大学の非常勤講師も務める著者が、新しい価値を創出する手法を「体験設計」としてまとめた著作です。特に「Chpater7体験設計の実践プロセス」は実践知が詰め込まれています。
● 『デザインマーケティングの教科書』（井上 勝雄 著／海文堂出版／2019年）
　　感性デザイン学の専門家による、感覚的なデザインを心理学や人間工学の知見から評価する方法をまとめた一冊。5章の「デザインのためのマーケティング・リサーチ」、6章の「感性デザインとマーケティング」が量的なデータによるデザインの評価について深く述べられており、参考になります。

3 7 評価：データを用いた仮説の評価

　次に、把握したデータを用いて仮説を評価します。仮説をどう評価するかは、価値のプロトタイピングではあまり決められたやり方はありません。ここでは

2つの評価方法を紹介します。まず1つ目が、**ディスカッションベースで簡易的に評価をする方法**です。

　チームで把握したデータを参照しながら、仮説は正しかったか、正しくなかったかを評価します。例えば「おうちでドラフトビール」の価値に関する仮説「おうちで飲めるドラフトビール月額固定サービスを利用したい」を確認するためにプロトタイピングをしているとします。そして、3人にインタビューを行い、発言を確認した結果、Aさんは「サービスを利用してみたい」との発言があり、BさんとCさんは「サービスを特に利用したくない」という発言があった。そして、Aさんは「育児の影響で趣味の外食ができなくなった」という発言もしていたとします。Aさんのこれら発言から、外食に課題感がある人で価値を感じてくれる人はいそうだと判断して「仮説はやや正しい」と評価することができます。

　この方法のメリットは簡易的に実施できるためスピード感を高めることができる点です。ただ、デメリットとして「何を基準にして評価したのか」「なぜそう評価したのか」などが曖昧になり、結果として評価が正確にできなかったり、評価をした理由が説明しづらくなることにつながります。本書の対象読者である企業内の新規事業担当者の方は社内向けに説明を求められることが多いと思いますので、ここでは仮説の評価をより正確に行うために、2つ目の評価方法として、筆者が利用している**評価基準と尺度を用いた方法**を紹介します。

評価基準と尺度を用いた評価方法の流れ

　この方法では、仮説を評価するための基準となる評価基準を決めます。そして、その評価基準をどの程度満たすかを示す尺度を決めます。仮説について把握したデータを参照し、評価基準と尺度を用いて仮説の**採点結果**をまとめます。最後に採点結果から、**評価結果**を決めていきます。では、まずは評価基準について見ていきます。

評価基準を決める

評価基準は、Chapter3.3の設計で決めた仮説に対応したものにします。具体的な例を用いて説明します。

▶ 質的データの評価基準

ディスカッションベースで簡易的に評価をする方法での例と同様に、「おうちでビール」の価値に関する仮説「おうちで飲めるドラフトビール月額固定サービスを利用したい」を確認するためにプロトタイピングをしているとします。そのためにチラシプロトタイプを構築し、インタビューを通じて質的データを入手し、把握しました。この仮説「サービスを利用したい」を確認するための評価基準としては「経験に基づく課題感の確実さ」「代替案の利用状況」「費用の支払い意志の確実さ」などが考えられます。

この3つの評価基準は、提示しているアイデアに、ユーザーが価値を感じるかを「過去・現在・未来」で確認しています。つまり過去として経験に基づいて価値に対して課題感があるか。現在として今アイデアの代替案になるようなサービスを使っているか。未来として提示したアイデアに費用を払う気があるか。それらを評価基準として確認することで「サービスを利用したい」という価値に関する仮説を確認します。

▶ 量的データの評価基準

同様に、価値に関する仮説の「おうちで飲めるドラフトビール月額固定サービスを利用したい」を確認するためにチラシプロトタイプを構築したとします。先ほどの質的データの例との違いとして、アンケートを通じて量的データを入手し、把握したとします。この評価基準であれば「利用したいと思うか」を確認するために、アンケートで「購入意向」「払える金額」を取得しておき、基準にすることが考えられます。例えば、購入意向を評価基準とすることで「購入意向がある一定よりも高い人が全体の30%存在するため、仮説は正しい」と評価することができます。

以上が評価基準の例です。評価基準は、評価をする理由になるため、チームや会社で合意していることが重要です。評価基準に合意していないと、評価結果そのものが疑われる可能性もあります。そのため、上記に挙げた評価基準は

例として、それぞれのチームや会社ごとに合意が取れるものに調整してみてください。

尺度を決める

　評価基準が決まったら基準を採点するための尺度を決めます。尺度にも多様な意味がありますが、ここでは評価基準を採点する要素として用います。例えば、評価基準を2段階の「1. ない、2. ある」で採点することができます。また、5段階で「1. ない、2. ややない、3. どちらともいえない、4. ややある、5. ある」でも採点することができます。以下に尺度の例を示します。

アイデア	仮説	構築したプロトタイプ	収集データ	評価基準	2段階尺度	5段階尺度
おうちでビール	おうちで飲めるドラフトビール月額固定サービスを利用したい	チラシ	3名の30代男性にチラシをみてもらいながらインタビュー	経験に基づく課題感の確実さ	1. 確実でない 2. 確実である	1. 確実でない 2. あまり確実でない 3. どちらとも言えない 4. やや確実である 5. 確実である
				代替案の利用状況	1. 利用してない 2. 利用している	1. 利用していない 2. あまり利用していない 3. どちらとも言えない 4. やや利用している 5. 利用している
				費用の支払い意志の確実さ	1. 確実でない 2. 確実である	1. 確実でない 2. あまり確実でない 3. どちらとも言えない 4. やや確実である 5. 確実である
			30代男性500名を対象にウェブアンケート	購入意向	1. ない 2. ある	1. ない 2. あまりない 3. どちらとも言えない 4. ややある 5. ある
				払える金額	1. 5,000円未満 2. 5,000円以上	1. 2,000円未満 2. 2,000円〜4,999円 3. 5,000円〜7,499円 4. 7,500円〜9,999円 5. 10,000円以上

　例えば、評価基準「経験に基づく課題感の確実さ」の尺度としては、2段階であれば「1. 確実でない、2. 確実である」。5段階であれば、「1. 確実でない、2.

あまり確実でない、3.どちらとも言えない、4.やや確実である、5.確実である」と設定することができます。

採点結果をまとめる

把握したデータと評価基準と尺度を用いて、仮説の採点結果をまとめます。

質的データの採点は、プロトタイピングに関わるメンバーで合意を取りながら行います。例えば、おうちでドラフトビールの価値に関する仮説「おうちで飲めるドラフトビール月額固定サービスを利用したい」を確認するために、3名にインタビューを実施したとします。そのうえで、3名のインタビュー対象者を評価基準「経験に基づく課題感の確実さ」「代替案の利用状況」「費用の支払い意志の確実さ」で、5段階の尺度を用いて採点します。

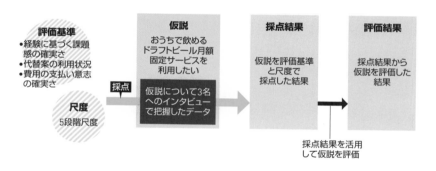

例えば、対象者Aについて、評価基準「課題感の確実さ」を採点するために発言内容を確認します。すると、対象者Aに「育児の影響で趣味の外食ができなくなった」との発言がありました。この発言を踏まえてチームで議論し、対象者Aには「育児で外食がしたいけどできない」という課題感があるとして、課題感があることが「4.やや確実である」と判断します。一方、対象者Bには「ドラフトと缶の違いがそもそもあまりわからない」という発言がありました。他の発言を確認しても、課題感につながりそうな発言は見当たらなかったので、課題感があることが「1.確実でない」と判断します。このようにそれぞれのインタビュー対象者それぞれを採点します。採点した結果の例が以下です。

仮説	評価基準	5段階	インタビュー対象者：A	インタビュー対象者：B	インタビュー対象者：C	理由となるデータ（発言）
おうちで飲めるドラフトビール月額固定サービスを利用したい	経験に基づく課題感の確実さ	5…確実である 4…やや確実である 3…どちらとも言えない 2…あまり確実でない 1…確実でない	5	1	3	●外食が趣味だが育児の影響でできない（Aさん） ●ドラフトと缶の違いがそもそもあまりわからない（Bさん） ●一度ホームパーティーで樽を購入したことがあり楽しかったことを覚えている（Cさん）
	代替案の利用状況	5…利用している 4…やや利用している 3…どちらとも言えない 2…あまり利用していない 1…利用していない	4	2	2	●ECサイトでビールを定期購入している（Aさん） ●飲みたいときにコンビニかスーパーで購入（Bさん） ●ここ1年くらいはホームパーティーもできていない（Cさん）
	費用の支払い意志の確実さ	5…確実である 4…やや確実である 3…どちらとも言えない 2…あまり確実でない 1…確実でない	4	1	1	●現状ビールを定期購入している金額の少し上くらいであれば払う（Aさん） ●コンビニかスーパーで十分なので払わないと思う（Bさん） ●たまにの利用になると思うので、定期購入にはお金は払わないと思う（Cさん）

　また、量的なデータについては、おうちでドラフトビールを評価するために評価基準として「購入意向」と「払える金額」を設定、尺度は5段階、プロトタイプを提示したアンケートで500名に回答してもらったとします。その際、40名が「1.購入したくない」、100名が「2.やや購入したくない」、200名が「3.どちらともいえない」、150名が「4.やや購入したい」、10名が「5.購入したい」という結果であれば、その人数を採点結果とします。

採点結果から仮説を評価する

　次に、採点結果から仮説を評価します。先ほどの質的データの採点結果を例にすると、対象者Aはいずれの評価基準も点数4を超えています。一方、対象者BとCはいずれの評価基準も点数が低めです。そして、この採点結果から仮

説が正しかったかを評価します。この評価は、以下のように採点結果と評価結果の関係性を整理しておき、それに沿って行います。

採点結果	人数	仮説の評価結果
評価基準がひとつも「4」か「5」でない	1名	仮説は正しくない
評価基準がひとつでも「4」か「5」である	1名	仮説はやや正しくない
評価基準がすべて「4」か「5」である	1名	仮説はやや正しい
評価基準がすべて「4」か「5」である	5名	仮説は正しい

　この例では、インタビューをして評価基準がすべて「4」か「5」である人が5名見つかれば、仮説は正しいと評価すると設定しています。また、同様に評価基準がすべて「4」か「5」である人が1名でも見つかれば、仮説はやや正しいと評価すると設定しています（人数はアイデアのターゲットなどにより変動させる）。先ほどのおうちでドラフトビールの場合、インタビュー対象者Aは評価基準がすべて4以上だったため「仮説はやや正しい」と判断します。それを踏まえておうちでドラフトビールの価値に関する仮説「おうちで飲めるドラフトビール月額固定サービスを利用したい」を評価すると、「現時点ではサービスを利用したいという価値に関する仮説はやや正しい。特に、外食が趣味な人が、何かしらの理由で外食できなくなった場合は課題感を持っている可能性がある」とすることができます。

量的なデータの評価との組み合わせ

　ただ、この質的なデータを用いた評価はチームの中で行っているため、尺度の採点の仕方でブレが発生しやすくなります。そのため、価値の仮説を確認する際には、量的なデータの評価と組み合わせることが重要です。おうちでドラフトビールの利益の目標として、月額5,000円で販売して、10,000名のユーザーが必要だとします。そのサービスの市場におけるリーチ可能なターゲット数が100,000名であれば、全体の約10%の人に契約してもらう必要があります。であれば、アンケートで500名に対してプロトタイプを提示した場合、10%に相当する50名はアイデアに対して5,000円以上お金を払う、ということを確認する必要があります。その際には、以下のようにアンケート結果と評価結果の関

係性を整理したうえで、評価することができます。

アンケート結果	人数	達成状況
500名にアンケートを実施し、 「購入意向」があり、「払える金額」が5,000円以上	0名	仮説は正しくない
500名にアンケートを実施し、 「購入意向」があり、「払える金額」が5,000円以上	1名	仮説はやや正しくない
500名にアンケートを実施し、 「購入意向」があり、「払える金額」が5,000円以上	10名	仮説はやや正しい
500名にアンケートを実施し、 「購入意向」があり、「払える金額」が5,000円以上	50名	仮説は正しい

　このように、価値の仮説が正しいと評価するには、可能であれば質的データと量的データを両方確認します。質的データのみだと、インタビューや観察ができる人数も限られます。逆に量的データのみだと、ユーザーの持つ課題がイメージしづらいため、なぜ価値があるかを理解しきれない場合があります。そのため、質的・量的、両方の側面から確認していくことが重要です。

　以上が評価になります。2つの評価方法として、クイックに評価をすることができるディスカッションベースで簡易的に評価をする方法と、正確かつ説明しやすい評価基準と尺度を用いた方法を紹介しました。ぜひ、ケースに応じて使い分けてみてください。

COLUMN　プロトタイピングマインドセットと設計・評価

　Chapter2.2において、子どものようなマインドセットが重要であり、とりあえずやってみることを心がけてみてほしいことをお伝えしました。一見、本章で紹介しているプロトタイピングの設計や評価は、とりあえずやってみるというアプローチと相容れないようなものに感じられるかもしれません。子どもは、自分が何を検証したいかを明確化したうえでさまざまな物事にトライしているわけではありません。もちろん、設計や評価が不十分なプロトタイピングをしても、ある程度の効果は得られます。しかしプロトタイピングをする際に設計や評価をしっかりすることは効率的なプロトタイピングにつながります。そのため、とりあえずやってみるマインドセットを持ちながら、しっかりと設計と評価をすることも意識してみてください。

仮説の評価における生理指標の活用

　仮説を評価するうえで、質的・量的な側面から確認していくことの重要性を述べました。ただ一方で、インタビューやアンケートでインタビュー対象者が回答した内容は本当に正しいのか、という問題もあります。インタビュー対象者は意識的に回答しているので、口では「欲しい」「価値がある」と言っているけれども、実際に商品が出たら購入しないということが起こりえます。新規事業ではないのですが、同様の悩みがあるのがマーケティングの領域です。つまり、どのような広告が効果を発揮して購入につながっているかがわからないのです。そこで近年、どのような広告が有効なのかを調査するために、ユーザーの主観的な要素が介在しない、人間工学や脳科学の分野で用いられてきた生理的な指標を活用する取り組みが盛んです。例えば、脳波検査や心拍変動、筋電図、発汗などをデータとして取得することで、客観的に判断することができます。筆者も現在、生理的指標を仮説の評価に使う方法を構築しています。

3 8 プロセスの振り返り

プロセス全体を振り返り、次のプロトタイピングへ

　以上が、プロトタイピングのプロセスである設計・構築・評価です。そして、このプロセスの終了後に振り返りを行います。まずは、当初設定していたゴールを達成できたかの確認です。当初の現在地は「価値が明確ではない」状態で、ゴールが「価値が明確」だったとします。

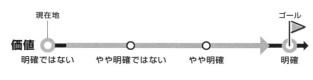

当初設定していた現在地とゴール

　そして、プロトタイピングした結果、価値に関する仮説はやや正しいという評価が得られたため「価値がやや明確」であると判断したとします。

　この場合、まだ「価値が明確」ではないため、再度プロトタイピングを実施します。その際、プロトタイピングをして得られたことを踏まえて、アイデアをアップデートします。例えば、おうちでドラフトビールのインタビューで、インタビュー対象者が以下のような発言をしていたとします。

　「EC サイトでビールの24本パックのケースを定期購入で1ヶ月に1回購入しています。ただ、大手メーカーのビールしか手に入らないのがちょっと寂し

くて。外食時にはいろんなビールを飲めていたので」

　この発言から察するに「大手メーカーのビールしか手に入らない」という不満を持っていそうです。そこで、クラフトビールをラインナップに入れるアイデアにアップデートすることで、さらに価値を感じてくれる可能性があります。また、さらに「外食している感」が出るようにアイデアをアップデートすることができるかもしれません。このように、アイデアをアップデートし、次のプロトタイピングを行います。このプロセスを繰り返し、よりユーザーにとって価値が明確なアイデアにしていくのです。

COLUMN　価値以外のプロトタイピングの実施タイミング

　アイデアによっては、価値のプロトタイピングと同時に実現可能性やルック＆フィールのプロトタイピングもしていく必要があります。

実現可能性やルック＆フィールのプロトタイピングはアイデアによっては
価値のプロトタイピングと並行して実施する

　例えば実現難易度が非常に高い技術が特徴のアイデアなら、そもそもその技術が実現できないとアイデアが成立しません。そのため、価値がある程度見えてきた段階で、並行して実現可能性のプロトタイピングをスタートします。具体的には、エンジニアチームに部分的なプログラムを組んでもらい、本当に実現できるかを検証します。
　他の例として、見た目のデザインが非常に重要なファッションについてのアイデア

の場合、そもそも見た目のデザインが気に入ってもらえないとアイデアに価値もなくなるため、ルック＆フィールと価値が非常に近くなります。そのため、価値の確認と並行してルック＆フィールのプロトタイピングをしていきます。具体的には、見た目がわかるデザインを早めに制作し、メンバー間の認識を共通化しながら、ユーザーから受け入れられるかも価値と並行して検証します。

　このように、すべてのアイデアは価値のプロトタイピングからスタートしますが、実現可能性やルック＆フィールのプロトタイピングをどの段階からスタートするかは、検討しているアイデアごとに調整することが重要です。

[Chapter3のポイント]

- プロトタイピングのプロセスは「設計・構築・評価」で構成される。
- 設計ではゴールとスケジュールを決めたうえで、プロトタイピング戦略に沿って計画を立てる。その際には「プロトタイピングシート」のようなフレームワークが有効。
- 構築では「チラシ」「ダーティーエクスペリエンス」「動画」などさまざまな方法が存在。それぞれの特徴を理解したうえで、最適なものを選択して、構築する。
- 評価は「データの収集」「データの把握」「データを用いた仮説の評価」に分かれており、それぞれ実施する。
- 設計・構築・評価のプロセスが終了したら、当初設定したゴールを達成できたかの振り返りを行う。

Chapter4

プロトタイピングをする
〜演習編〜

新規事業のアイデア例をもとに、Chapter 3で示した設計・構築・
評価のプロセスに沿ってプロトタイピングの実施例を演習とし
て紹介します。これにより、プロトタイピングのイメージをよ
り具体的に持つことができます。

PROTOTYPING

新規事業アイデアの例

　ここからは、新規事業アイデアの例を用いてプロトタイピングをします。まずは、例として用いるアイデアを紹介します。アイデアのターゲットは、新型コロナウイルス感染症の影響でキャンパスへの通学回数が減った大学生。講義のオンライン化も進み、サークル活動も月に1回あるかないかになりました。ある調査では、64%の学生が「交友関係、コミュニケーション不足等によるメンタルヘルス悪化に対する不安」を抱えているとのデータも示されています[*1]。

　そこで、通学回数が減った大学生に対して交友関係やコミュニケーション不足を解消するために、新しいコミュニティを構築できるアプリケーションのアイデアを考えました。気になる画像を選択することで、興味や人柄がマッチする3人のコミュニティがランダムで出来上がる。そして、相手のプロフィールを確認して、少し言葉を交わしたあとに、指定したお店でお茶かご飯を楽しむことができる「いいこみゅ」というアプリのアイデアです。

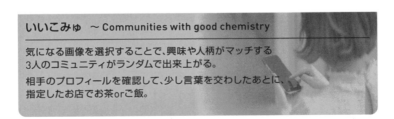

いいこみゅ　～ Communities with good chemistry

気になる画像を選択することで、興味や人柄がマッチする
3人のコミュニティがランダムで出来上がる。
相手のプロフィールを確認して、少し言葉を交わしたあとに、
指定したお店でお茶orご飯。

　このアイデアを例として、プロトタイピングをしていきます。また、今回はプロトタイピングの例を限られたページ数でお伝えするため、アイデアをあらかじめ決めてしまいました。ただ、本来であればこのアイデアは定量・定性両面からのリサーチを通じて創出していくことが多いです。実際のデザインプロセスにおけるアイデアの創出はChapter5.2で一部紹介しているのでご参照ください。

現時点のアイデアの状態を考える

まず、開発プロセスと分類のマップ図を活用して、プロトタイピング対象のアイデアの状態を把握します。今回の対象アイデアはまだ細部がつまっておらず、アイデアやコンセプトを固めている段階です。そのため、開発プロセスは、まだ詳細な設計を行う前のアイデアの創造など、早い段階だと考えられます。つまり、実施すべきは価値のプロトタイピングです。

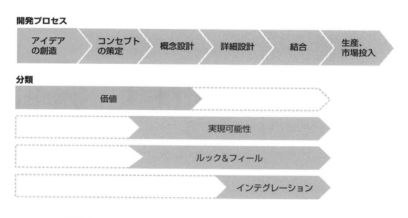

開発プロセスと分類のマップ図における現在のアイデアの位置づけ

では、ユーザーにとっての価値はどの程度明確なのでしょうか？大学生がキャンパスへの通学回数が減っていて、サークル活動も少なくなってきているというデータはあります。ただ、本当にコミュニティをこのアイデアのような形でつくりたいと思うかはわかっていません。つまり、Chapter 1.5で紹介した価値の状態では、以下のようにユーザーにとって価値は明確ではない状態です。

現在の価値

　そこで、今回のプロトタイピングのゴールとしては、ユーザーにとっての価値が「やや明確」な状態まで持っていくことにします。理由は、価値が明確であることを示すには、Chapter3.7で紹介したように質的なデータでもある程度の人数へのインタビュー、量的なデータでもアンケートを実施することを推奨しています。その場合、インタビュー人数の確保やアンケート設計や回収に時間がかかるため、プロトタイピングのスケジュールも長くする必要があります。ただ、今回のアイデアは、価値が明確ではない状態なので、プロトタイピングした結果、アイデア自体にまったく価値がないことも考えられます。そのため、スケジュールを短くしてクイックにプロトタイピングを回すため「価値がやや明確」をゴールとしています。

目指すべきゴールの価値

プロトタイピングのスケジュールを決める

　プロトタイピングのゴールは決めたので、次にスケジュールを決めます。ここでは、まだ価値があまり見えていないため、プロトタイピングをした結果、アイデアを大きく調整することを想定しておきます。その点を考慮すると、調整が必要なアイデアのプロトタイプ構築に時間をかけるのは得策ではありません。そのため、最速でアイデアをプロトタイピングできるように、プロトタイプ制作にかける時間もできる限り圧縮します。また、大学生がどのようにコミュニティを求めているのかがクリアでないので、実際に大学生にインタビューをする機会も入れます。ただ、現時点でインタビューできる大学生は決まっていないので、インタビュー対象者の募集にある程度の時間がかかることを想定し

ておきます。以上を踏まえ、次のような合計8日間のプロトタイピングスケジュールを引きました。

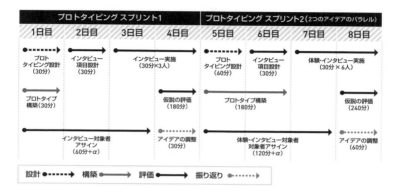

アイデアのプロトタイピングのスケジュール

　全体的に最速でプロトタイピングできるようにスケジュールを引いていますが、インタビュー対象者の募集は、対象者の日程の調整なども必要なため、ある程度時間を見ています。また、学習効果をできるだけ高めて、アイデアを調整することを前提とし、スプリント1とスプリント2と大きく2回のプロトタイピングを実施します。また、スプリント2では、スプリント1で得られた気づきからアイデアを2つに分け、学習効果を高めるため2つを並行してプロトタイピングします。以上のように8日間でスプリントを2回実施することで、ゴールとして設定した価値がやや明確である状態を目指します。

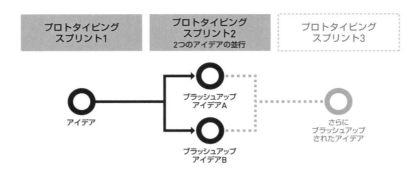

プロトタイピングによるアイデアのブラッシュアップの流れ

4 2 スプリント1:設計

「01.確認したい仮説」を決める

では、スプリント1のプロトタイピング設計をします。

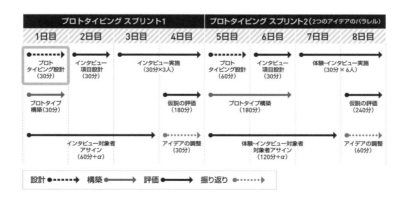

Chapter 3.3で紹介したプロトタイピングシートを活用します。最初に「01.確認したい仮説」に記入する仮説を考えます。

01	確認したい仮説	

02	つくるモノ、 体験すること （What）	**最初に、どの仮説を確認 したいかを検討する**
03	つくるモノ、 体験することの 構築方法（How）	

04	仮説の評価	データ収集方法
		評価方法

05	評価の結果、 気づき	

現時点で、このアイデアの価値は明確でないため、まず確認するべきは価値です。では、誰にとってのどのような価値でしょうか。

ステークホルダーと価値を洗い出す

誰に価値があるかを考えるために、このアイデアで価値を感じる可能性があるステークホルダーを洗い出します。このアイデアのステークホルダーとしてはコミュニティをつくりたい「大学生」と、大学生同士が会う際に紹介する「紹介店舗」の2種類が考えられます。

紹介店舗　　大学生

ステークホルダーを洗い出したら、ステークホルダーはアイデアにどのような価値を感じるかを考えます。ここでは、紹介店舗は「待ち合わせ場所として利用される価値」、大学生は「画像の選択でランダムにコミュニティができるサー

ビスを利用できる価値」を感じるとします。

紹介店舗

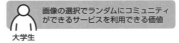
大学生

優先的にプロトタイピングする価値を決める

ここまでで、紹介店舗と大学生という2種類のステークホルダーが価値を感じる可能性があることがわかりました。ただ、それぞれ別のステークホルダー、違う価値なので、同時にプロトタイピングをすることは困難です。そのため、どちらを優先的にプロトタイピングするかを考えることを目的として、**価値の重要性**と**価値の不確実性**という2軸で整理します。

価値の重要性を考える

まず、アイデアを提供することで大学生と紹介店舗が得られる価値を重要性で分類します。この重要性が高いほどアイデアのメインとなる価値で、重要性が低いほど、サブの価値です。もし大学生が「画像の選択でランダムにコミュニティができるサービスを利用できる価値」を感じてくれなかった場合、そもそもアイデアを利用するユーザーがいません。そのため、この価値はアイデアのメインとなる価値であり、価値の重要性は高いと判断します。

一方、紹介店舗にとって「待ち合わせ場所として利用される価値」がなかったとしても、紹介店舗からの収益が見込めないなどの影響はありますが、アイ

デアにクリティカルな影響を与えるわけではありません。そのため、アイデアのサブの価値であり、価値の重要性は低いと判断します。

価値の不確実性を考える

　次に、価値の不確実性で分類します。この不確実性が高いほど本当にユーザーがその価値を感じるかどうか不確かで、不確実性が低いほど自信を持って価値があると判断できます。大学生が「ランダムにコミュニティができるサービスを利用する」ことに価値を感じるかは、ランダム性をどこまで受け入れてくれるかわからないなど、不確かです。そのため、価値の不確実性は高いと判断します。一方、紹介店舗は待ち合わせ場所として利用されることで、集客につながります。店舗における集客は利益に直結しますので、価値を感じてくれそうです。そのため、価値の不確実性は低いと判断します。以上を踏まえて、価値を2軸図にマッピングします。

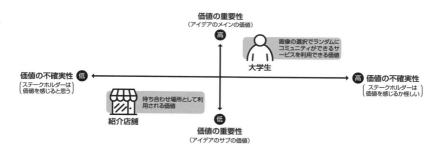

洗い出したステークホルダーと価値に優先順位をつける

　そして、価値の重要度と価値の不確実性が高い、右上の領域を優先的にプロトタイピングします。これにより、優先的にプロトタイピングするべき価値がクリアになりました。

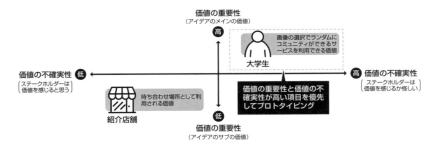

価値の重要性
（アイデアのメインの価値）
高

画像の選択でランダムに
コミュニティができるサ
ービスを利用できる価値

大学生

価値の不確実性 低
［ステークホルダーは
価値を感じると思う］

高 価値の不確実性
［ステークホルダーは
価値を感じるか怪しい］

持ち合わせ場所として利
用される価値

紹介店舗

価値の重要性と価値の不
確実性が高い項目を優先
してプロトタイピング

低

価値の重要性
（アイデアのサブの価値）

洗い出したステークホルダーと価値への優先順位をつけた結果

　ここまで説明をして「こんなしっかり考えなくてもなんとなくわかる」「これを考えるのに時間を取られて、安く・早くプロトタイピングができないのでは？」と思われるかもしれません。確かに上記はかなり丁寧に説明しています。ただ、このようなフレームを用いる効果が3点あります。1点目が、認識の共通化に使える点です。一人でプロトタイピングする価値を決める場合はいいのですが、複数人のメンバーで検討する場合、視覚化することで認識の共通化につながります。2点目が、経験が浅い場合での活用です。プロトタイピングの経験が豊富にある場合は精度も高くプロトタイピングする価値を決められますが、経験がない場合は確認するべき価値を間違えるなど、精度が低くミスにつながりやすくなります。そのため、フレームを用いることで精度を向上し、ミスを減少させることができます。3点目が、価値を持つステークホルダーが複雑な場合での活用です。今回のアイデアのケースでは、主なステークホルダーが2種類とシンプルですが、ステークホルダーが多く、複雑になるケースもあります。その場合、どのステークホルダーの価値を優先的にプロトタイピングするか迷ってしまうため、フレームで整理しやすくなるのです。

　例えば「蔵前WHITE」というクラフトビールは、サンドイッチ製造で発生した、活用しきれない"パン耳"を乾燥加工して原料としています。そして、製造したクラフトビールを店舗で販売するモデルです。この事業ではそれぞれのステークホルダーの価値を検討しないと、パン耳が提供されないことでビールがつくれないなど、ビジネス全体が機能しなくなることにつながります。そのため、ステークホルダーとそれぞれの価値を書き出して、重要性と不確実性で整理することで検討するべき価値を把握することが有効です。

「蔵前WHITE」のステークホルダー*

* 参考：https://prtimes.jp/main/html/rd/p/000000066.000058947.html

深掘り MEMO **ステークホルダーと仮説が多い場合の整理方法**

今回の例ではシンプルにステークホルダーと価値の仮説を検討できました。ただ、実際のプロジェクトでは、ステークホルダーと仮説の洗い出しにもう少し時間がかかるケースが多いです。あるプロジェクトの例を用いて説明します。例として用いるのはIoTデバイスを用いたデジタルサービスです。本サービスは使いやすさも重要だったので、価値だけではなく、ルック＆フィールに関わる仮説も洗い出しました。ステークホルダーは7種類、仮説が20種類あり、リスト化して重要性と不確実性をつけ、それに基づき対応する「優先度」をつけていきました。このように、ステークホルダーと仮説が多くなる場合は、リスト化して優先度をつけて管理することで理解しやすくなります。

ステークホルダー	該当システム	仮説	仮説カテゴリ	優先度	重要性	不確実性
1.A	全体		価値	高	高	高
	全体		価値	中	高	低
	ハードウェア		価値	中	低	高
	フロントエンドアプリ		ルック＆フィール	高	高	高
	ハードウェア		価値	中	中	中
	ハードウェア		価値	中	低	中
2.B	全体		価値	中	高	低
	全体		価値	中	高	中
3.C	全体		価値	高	高	高
	全体		価値	高	高	高
	ハードウェア		ルック＆フィール	中	高	低
	全体		価値	中	低	高
	全体		価値	低	中	中
	フロントエンドアプリ		価値	低	中	中
4.D	オペレーション		ルック＆フィール	高	高	高
	全体		価値	中	高	低
	フロントエンドアプリ		価値	中	高	低
5.E	使用オペレーション		ルック＆フィール	高	高	高
6.F	連携		価値	低	中	中
7.G	使用オペレーション		価値	低	低	中

実際に洗い出したステークホルダーと仮説のリスト

価値をより具体的にするために価値の構成要素を考える

　優先的にプロトタイピングするのは、大学生の「画像の選択でランダムにコミュニティができるサービスを利用できる価値」であるとしました。次に、この価値がどのような要素で構成されているかを考えます。例えば、このサービスに価値を感じてくれるのは、何かしらの理由があるはずです。それが「画像の選択のみで、興味や趣味が近い人とつながることができること」に価値を感じたのか、「ランダムで3名のコミュニティができること」に価値を感じたのか、「気があえば、ご飯にいくことができること」に価値を感じたのか。その組み合わせなのか。このように、理由を細分化した価値を**構成価値**と呼びます。また、細分化前の価値を**全体価値**と呼びます。

全体価値	構成価値
画像の選択でランダムにコミュニティができるサービスを利用できる	画像の選択のみで、興味や趣味が近い人とつながることができる
	ランダムで3名のコミュニティができる
	コミュニティ上でテキストメッセージのトークができる
	気があえば、ご飯にいくことができる

全体価値と構成価値

　この構成価値を考えておくことで、全体価値があった場合・なかった場合に、どこに価値があってどこに価値がなかったかの追及がしやすくなります。例えば「画像の選択のみで、興味や趣味が近い人とつながることができる」ことに価値は感じるけれども、「気があえば、ご飯にいくことができる」ことには価値を感じないことがありえます。以上を価値の仮説として、プロトタイピングシートの「01. 確認したい仮説」に記入します。

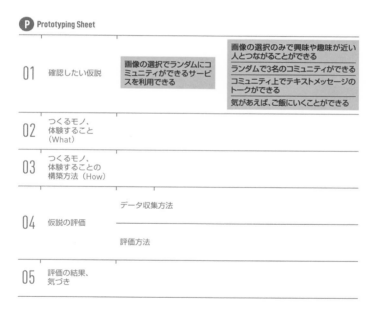

「確認したい仮説」に価値仮説を記入

「02. つくるモノ、体験すること（What）」を決める

次に「02. つくるモノ、体験すること（What）」を記入します。つくるモノと体験することを選択するには、Chapter 3.4で紹介した10種類のプロトタイプを参考にします。このアイデアでは、ユーザーである大学生にとって価値があるかはまだわからなく、ユーザーからのフィードバックによる学習をしたいので、チラシを選択します。

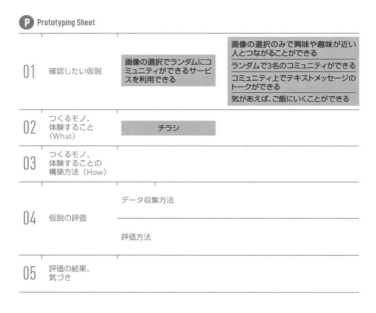

「03.つくるモノ、体験することの構築方法(How)」を決める

　次に、チラシのつくり方を決めます。この段階のアイデアは価値があるかわからないので早くつくります。ここでは、チラシのプロトタイプ用テンプレートを活用します。このテンプレートは本書の付録からダウンロードできます。

チラシのテンプレート

　このテンプレートを用いてチラシを30分で作成します。チラシのような、見た目に凝ることができるものは、時間をかけようと思えばいくらでもかけられます。そのため、時間を区切ってそこでストップすることが重要です。

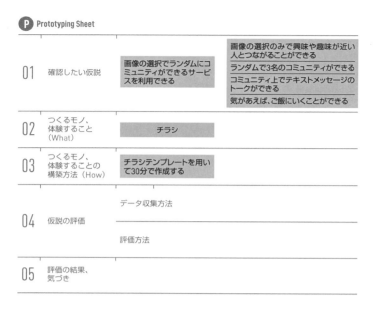

01	確認したい仮説	画像の選択でランダムにコミュニティができるサービスを利用できる	画像の選択のみで興味や趣味が近い人とつながることができる
			ランダムで3名のコミュニティができる
			コミュニティ上でテキストメッセージのトークができる
			気があえば、ご飯にいくことができる
02	つくるモノ、体験すること（What）	チラシ	
03	つくるモノ、体験することの構築方法（How）	チラシテンプレートを用いて30分で作成する	
04	仮説の評価	データ収集方法 _____ 評価方法	
05	評価の結果、気づき		

「04. 仮説の評価（データ収集方法・評価方法）」を決める

　次に「04. 仮説の評価（データ収集方法・評価方法）」を決めていきます。まずデータ収集方法ですが、Chapter3.5で紹介したようにチラシはインタビューと相性が良いです。ユーザーにチラシを見せてフィードバックをもらうことで、どこに価値を感じるかを確認することができます。そのため、インタビューでデータを収集します。そして、インタビューをするうえでの「対象・人数・時間・方法・内容・把握方法」を検討します。ここでは「大学生にチラシを見せ、価値を感じるかをオンラインで3名に30分インタビューを行う。発言を仮説マッピング法で把握する」とします。

　評価方法は、Chapter3.7で紹介した評価基準を尺度で採点し、評価する方法を用います。具体的な評価基準は「経験に基づく課題感の確実さ」「代替案の利用状況」「費用の支払い意志の確実さ」とします。そして、尺度は「2段階（1.ない、2.ある）」とします。

　以上を取りまとめると、以下のようなプロトタイピングシートが出来上がります（「05. 評価の結果、気づき」は評価後に記入）。

01	確認したい仮説	画像の選択でランダムにコミュニティができるサービスを利用できる	画像の選択のみで興味や趣味が近い人とつながることができる
			ランダムで3名のコミュニティができる
			コミュニティ上でテキストメッセージのトークができる
			気があえば、ご飯にいくことができる
02	つくるモノ、体験すること（What）	チラシ	
03	つくるモノ、体験することの構築方法（How）	チラシテンプレートを用いて30分で作成する	
04	仮説の評価	データ収集方法	大学生にチラシを見せ、価値を感じるかをオンラインで3名に30分インタビューを行う。発言を仮説マッピング法で把握する
		評価方法	評価基準「経験に基づく課題感の確実さ」「代替案の利用状況」「費用の支払い意志の確実さ」を2段階尺度（1.ない、2.ある）で採点して評価する
05	評価の結果、気づき		

また、採点結果と評価結果の関係性もこの時点で具体化しておきます。以下のように、1名でも全体価値の評価結果がすべて「2.ある」の人がいた場合「仮説はやや正しい」とします。

評価基準と尺度	人数	仮説の評価結果
全体価値の評価基準がすべて「1」	1名	仮説は正しくない
全体価値の評価基準がひとつでも「2」	1名	仮説はやや正しくない
全体価値の評価基準がすべて「2」	1名	仮説はやや正しい
全体価値の評価基準がすべて「2」	5名	仮説は正しい

というのも、評価基準である「経験に基づく課題感の確実さ」「代替案の利用状況」「費用の支払い意志の確実さ」がすべてあるということは、Chapter3.7で紹介したように、ある程度価値を求めてくれているということになります。そのため、価値を求めてくれている人が1名でもいるのであれば、価値の仮説はやや正しいと判断します。ただ、1名だけでは一般化できないので、5名程度価値を求めてくれる人がいた場合には、価値の仮説は正しいとします。このインタビュー対象者の人数や、価値があると判断する人数の設定は事業や会社の状況ごとに調整する必要があり、一概には言えないのですが、考え方を

次に提示します。

インタビュー対象者の人数、価値があると判断する人数の設定について

インタビュー対象者の人数は多ければ多いほど得られる情報量は増えるのですが、人数を多くしすぎると時間がかかっています。そこで、参考になるのがユーザビリティ研究の第一人者であるヤコブ・ニールセン博士が提示したユーザビリティにおける検出できる問題と人数の関係性を表した論文と、それに伴う解説です。

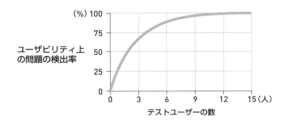

出典：U-Site「5人のユーザーでテストすれば十分な理由」[1]

ニールセン博士は「テストのスタイルにもよるが、ユーザビリティテストにおける費用対効果の分析結果は、ユーザーが3〜5人のとき理想的な比率となる」と指摘しています。あくまでニールセン博士の研究はユーザビリティテストを対象にした研究のため、アイデアのプロトタイピングにおいてそのまま使えるかどうかは検証されていません。ただ、ユーザーからのフィードバックを受けるという事項は共通のため参考にすることはできます。

そこで、アイデアの価値がまだ見えていない初期段階においては、学習効果を優先するため3名程度にインタビューをして傾向をつかみ、修正してまた3名程度に聞き、ある程度価値が見えてきたらプロトタイプの忠実度も上げつつ、インタビューする人数も増やします。そして、価値を求めてくれる人を5〜10名程度見つけるという進め方がおすすめです。ただ、インタビューする対象の属性（性別や年齢）が異なると返ってくるフィードバックも変わってくるので、できるだけターゲットユーザーを絞っておくことが重要です。

4 3 スプリント1：構築

プレゼンテーションツールで簡易的なチラシをつくる

作成したプロトタイピングシートに基づいて、チラシをつくります。

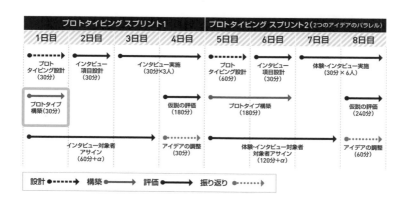

ここでは、チラシのテンプレートに大きく以下4つの情報を入れ込んでいきます。

❶タイトル：アイデアのタイトルを入れ込みます。

❷アイデアの概要：アイデアがどのようなものかがわかる概要を入れ込みます。

❸アイデアを理解しやすくするための使い方フローやイメージ：画像やアイコンなどを用いて、アイデアがより伝わるような、使い方のフローなどのイメージを入れ込みます。

❹費用や参加の仕方についての情報：より具体的にアイデアの利用をイメージしてもらうために、アイデアにかかる費用や参加の仕方について入れ込みます。

　この時点のチラシは、本当にざっくりとしたもので構いません。最初にユーザーにアイデアを見せると、ほぼ確実にフィードバックを受けてアイデアを修正することになります（むしろ修正が必要ない場合はインタビューの方法や用意しているプロトタイプが間違っていることを疑ったほうが良い）。そのため、この段階ではあまり凝りすぎずに、時間を決めてつくります。プロトタイピングについての格言で「つくったプロトタイプを人前に出すのを恥ずかしいと思わないようであれば、そのプロトタイプはつくり込み過ぎである」という言葉もあるくらいです。また、アイデアをチームで検討している場合は、できるだけチームで同時に編集しながらつくるようにしてください。理由としてはチームの意見を出し合いながらつくり、認識のずれを防ぐためです。ここで自分だけでつくり、チームメンバーの意見を聞かずにインタビューを進めてしまうと、チームメンバーがアイデアを自分ごと化してくれないなどネガティブな影響につながります。

プロトタイプの忠実度とフィードバック精度の関係性

なぜ、まだ精度が粗い状態のチラシのテンプレートに、費用や参加の仕方を入れ込んでいるのか疑問に思われたかもしれません。この要素を入れている理由としては、費用や参加の方法など、アイデアを利用する観点でより具体的に考えられる情報を入れておくことで、インタビュー対象者からより正確なフィードバックがもらえるという研究結果があるためです。

デンマーク工科大学のJensen博士らはさまざまな忠実度のプロトタイプをユーザーに提示して、プロトタイプの忠実度がユーザーのフィードバックにどのような影響を与えるのかを調査しました[*1]。その結果「提示するプロトタイプの忠実度が高ければ高いほどフィードバックの精度が上がる」という定量的な結果が示されました。そのため、最終的なサービスに認識を近づけるために、値段や使い方を粗い状態でも入れ込んでおくことで、わずかでも忠実度を上げてフィードバックの精度を向上させることを狙っています。

[*1]: L, S.Jensen, L.Nissen, N.Bilde, A.G.Özkil, Prototyping in mechatronic product development: How prototype fidelity levels affect user design input. In DS 92: Proceedings of the DESIGN 2018 15th International Design Conference (2018) ,pp. 1173-1184.

1

2

3

4

5

インタビューによるデータの取得

次に、作成したチラシを用いてインタビューをします。

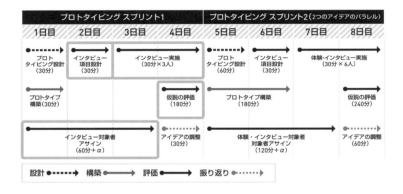

インタビューは、Chapter 3.5で紹介した以下の3つのステップに沿って実施します。

① インタビュー対象の募集
② インタビュー項目の設計
③ インタビューの実施

① インタビュー対象の募集

今回のアイデアでインタビューしたい対象は大学生で、就職活動も本格化していない1、2年生です。筆者の知り合い・友人・親族に大学1、2年生はいなかったので社内・コミュニティメンバーとして、インターンの大学生にインタビュー対象者になってもらうことにしました。また、その際に友人の紹介もお願いし

て3名を集めました。インタビュー対象者を探す他の方法としては、クラウドソーシングサイトも検討しました。例えば、CrowdWorks（https://crowdworks.jp/）であれば、登録している大学生も多いので、インタビュー依頼を行うことができます。

　また、今回はB to Cのアイデアのため、対象者が見つけやすかったですが、B to Bのアイデアでは対象者を見つけることが難しいことがあります。例えば、ターゲットユーザーが大企業の人事責任者などピンポイントの場合「知り合いづて（機縁法）」では厳しいかもしれません。そのときは、専門性の高い人材にインタビューできる「ビザスク」（https://visasq.co.jp/）などのサービスを活用することで、対象者を見つけることができます。

② インタビュー項目の設計

　Chapter 3.5で紹介した流れをもとに、1名のインタビュー対象者あたり30分のインタビューを設計します。

id.	時間(min)	累積時間(min)	質問大カテゴリ	質問中カテゴリ	質問
1	0.5	0.5	オリエンテーション	挨拶・目的開示	初めまして、インタビューを担当させていただきます、●●と申します。本日は、大学生向けのサービスに関して、検討しているサービスコンセプトをブラッシュアップするために、インタビューの依頼をさせていただきました。そのため、本日は、サービスコンセプトのシートをご提示させていただきますので、フィードバックをいただけると嬉しいです。
2	0.5	1		安全の確保	本日お伺いしたお話は、社内で分析する事のみに利用します。一切外部には開示されませんので、ご安心ください。
3	0.5	1.5		同意の取得	インタビュー開始にあたり、1点お願い事項がございます。●●さんのお話を後日、チームのメンバーで分析する為に、録画させて頂いてもよろしいでしょうか？
4	0.5	2		フィードバック視点の伝達	いまからサービスのチラシをお見せし、いくつか質問をさせていただきます。自分がユーザーだとした際の、率直なご意見をお願いいたします。本インタビューを通して私たちやではでは見えていなかった視点に気づくことが目的のため、厳しいご意見でも構いません。
5	1	3	基本情報	名前・性別・年齢	改めて、名前と性別と年齢をお願いしただけますでしょうか。
6	2	5		インタビュー内容関連事項	現在の●●さんの●●のご利用状況についてお聞かせいただけますでしょうか。
7	2	7	価値の確認	プロトタイプの説明	
8	4	11		全体価値の確認	本サービスを利用してみたいと思いますか？
9	3	14			本サービスに近いサービスを利用していますか？
10	3	17			本サービスに費用を払うとしたらいくらまで支払えますか？
14	3	20		構成価値の確認	画像の選択のみで、興味や趣味が近い人とつながるところに魅力は感じましたか？
11	3	23		構成価値の確認	ランダム5名のコミュニティができるところに魅力は感じましたか？
12	3	26		構成価値の確認	コミュニティ上でテキストメッセージのトークができるところに魅力は感じましたか？
13	3	29		構成価値の確認	気があえば、ご飯にいくことができるところに魅力は感じましたか？
15	1	30	クロージング	終了の明示	以上でインタビューは終了となります。何か、確認しておきたいことなどございませんでしょうか？また、謝礼についてはお振込とAmazonギフトカードをEメールでお渡しする方法からお選びいただけますが、どちらがよろしいでしょうか。

本アイデアのインタビュー用に設計したインタビュー項目

　インタビュー項目の中で「価値の確認」が重要なので抜粋して説明します。**大きくプロトタイプの説明、全体価値の確認、構成価値の確認**に分かれます。

▶ プロトタイプの説明

Chapter4.3で構築したプロトタイプのチラシを、どのようなアイデアかが伝わるように、概要や使い方を説明します。時間としては、今回は30分のインタビューのため2分程度と短めに設定します。画面遷移ワイヤーフレームなどユーザーに操作してもらうプロトタイプの場合は、操作と説明に時間がかかります。その場合はインタビュー時間全体と、プロトタイプの説明の時間を長めに設定します。

▶ 全体価値の確認

Chapter4.2でプロトタイピングシートに記入した全体価値を確認します。以下は、質問の例です。

- *本サービスを利用してみたいと思いますか？*
- *本サービスに近いサービスを利用していますか？*
- *本サービスに費用を払うとしたらいくらまで支払えますか？*

▶ 構成価値の確認

こちらもChapter4.2でプロタイピングシートに記入した構成価値を確認します。

- *画像の選択のみで、興味や趣味が近い人とつながることができるところに魅力は感じましたか？*
- *ランダムで3名のコミュニティができるところに魅力は感じましたか？*
- *コミュニティ上でテキストメッセージのトークができるところに魅力は感じましたか？*
- *気が合えば、ご飯にいくことができるところに魅力は感じましたか？*

また、インタビューシートでは各質問の所要時間を記載していますが、気になる箇所があれば随時深掘りして聞いていくので、あくまで時間は目安とします。設計したインタビューシートは本書の付録からダウンロードできます。

③ インタビューの実施

インタビュー対象者である3名の大学生に対して、設計した項目でオンラインインタビューを行います。インタビューを筆者が行い、アシスタントとして

メモを取ってもらうメンバーも1名参加してもらいます。インタビュー対象者に許可を得たうえで録画し、メモしきれなかった箇所は録画を確認して逐語メモを完成させます。

得られた発言を仮説マッピング法で把握する

インタビューが終了したら、逐語メモを仮説マッピング法でまとめて把握します。まずは、逐語メモをチームメンバーで改めて確認し、逐語メモを価値ごとに分類します。ここでは、インタビュー対象者の中からAさん（20歳女性）の発言にフォーカスをして、分類した中身を見ていきます。

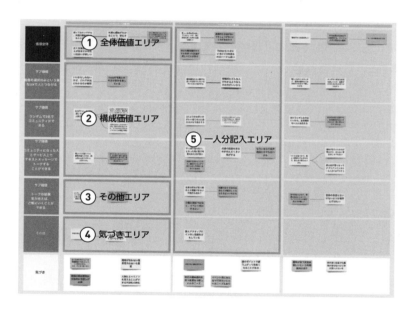

① 全体価値エリア

全体価値に関する発言を分類します。分類する際には、理解しやすくするため、発言を20文字〜50文字程度に編集し、1枚のポストイットに記載します。一連のつながりで発言されたものはポストイット同士を線でつなぎ、チームとして特に重要だと考えた発言はポストイットの色を変えます。得られた発言は

以下です。

- *使ってみたいですね、共通の趣味がわかるところが良い*
- *共通の趣味がわかることで、安心するところもある*
- *広く友達をつくることが苦手だから広い出会いが欲しい*
- *ただ、趣味が合わなくても仲良くなる場合もあるので、そういうような
  友達のでき方ができないのかな、とは思いました*
- *友達探すアプリとかは使っていない*
- *お金は出さないと思います*

②構成価値エリア

▶ A．画像の選択のみで、興味や趣味が近い人とつながることができる

　それぞれの構成価値に対する発言をマッピングします。構成価値の「画像の
選択のみで、興味や趣味が近い人とつながることができる」には、以下の発言
がありました。他の構成価値についても、同様に得られた発言を記載していき
ます。

- *いいかもしれないけど、これで本当にわかるのか疑問*
- *用意された画像を少し選んだくらいで自分のパーソナリティはわからな
  いはず*
- *instagramの写真とかのほうが自分を表している*

▶ B．ランダムで3名のコミュニティができる

- *4人がいい。3人だと話しているときに、1人抜けちゃう感じがする*
- *2人だと、初対面で同性で合うのはいいんですが、異性は怖いこともあ
  る感じがします。ので、4人がちょうどいい*
- *大学名はわかったほうが良いかも。関わりやすさというか、どこの大学
  とかがわかっていると心の負担が減る*

▶ C．コミュニティ上でテキストメッセージのトークができる

- *難しいとは思いつつ、段階を踏んだほうが、個人的にはありがたい、と*

思うかも

- 途中でいなくなっちゃう人とか、私も飽きて途中で抜ける可能性がある
と思うので、段階をそもそも踏めないことがあるのかなーと

▶ **D．気が合えば、ご飯にいくことができる**

- よっぽど気が合ったらいいけど、ご飯に行く、というのは意外と気が乗
らないかも。間が持たない。
- むしろ、マッチングするときに、このくらいの人数で集まりたい、とい
う風に指定できるといいかも。人数によってノリも変わりますし

③ その他エリア

想定していた価値に関する発言以外として、以下の発言がありました。

- 学割が使えるところが良い
- アルバイトはしているが、5〜6万円くらいしかない

④ 気づきエリア

発言から得られた気づきとして、以下がありました。

- 広く友達をつくることへの課題意識から使いたいという意向は存在。た
だ、そこまで強くない
- 趣味が合わない偶然性の出会いも重要
- 人数によってノリを変えることができる可能性の存在

⑤ 一人分記入エリア

今回は合計3名にインタビューしているので、1名ごとに①〜④を繰り返します。

COLUMN　なぜ得られた発言の分析にKA法やKJ法を用いないのか

本章ではターゲットユーザーから得られた発言を価値仮説ごとに分類して、評価す
るシンプルな方法を採用しています。KA法やKJ法のような、得られた発言データを

1

2

3

4

5

分析する手法をご存知の方は、少し単純化しすぎているように思われるかもしれません。ただ、スピード感と得られる効果を考えると、価値の確認をする段階ではKA法やKJ法ではなく、価値に対する発言をクイックにまとめたほうが良いと考えています。理由としては、基本的にKA法やKJ法は仮説となる価値がない状態で行うことがもっとも効果を発揮するためです。例えばKA法は「コンテキストインタビューや観察法などの定性調査から得られたデータを分析、モデリングし、ユーザーが求めている本質的な価値を導出するための分析手法」と定義されています[*1]。しかし、今回のケースではこちらが想定している価値があり、それを検証する形でインタビューをしているため、時間をかけてKA法やKJ法を行うメリットは少ないと考えています。

*1: 浅野志帆, 安藤昌也, 赤澤智津, KA法を初心者が理解・実践するための研究. In: 日本デザイン学会研究発表大会概要集 日本デザイン学会 第63回研究発表大会. 一般社団法人 日本デザイン学会 (2016). p. 229.

仮説を評価する

　仮説マッピング法で分類したものを「価値項目、評価基準、評価尺度、対象者採点、理由となるデータ」に分けて整理します。抜粋して説明します。

価値項目	評価基準	評価尺度	対象者採点 A	B	C	理由となるデータ（発言抜粋）
全体価値 画像の選択でランダムにコミュニティができるサービスを利用できる	経験に基づく課題感の確実さ	1：確実でない 2：確実である	2	1	2	●広く友達をつくることが苦手だから広い出会いが欲しい(Aさん) ●新しい友達は特に欲していない。けど、同じ興味を持った深い友達は欲しい(Bさん) ●学校の友達は割とライトな雑談ばっかりだから気が合う友達は欲しい(Cさん)
	代替案の利用状況	1：利用してない 2：利用している	1	1	1	●友達探すアプリとかは使っていない(Aさん) ●恋人探すやつなら使ってるが、友達はない(Bさん) ●特につかってない(Cさん)
	費用の支払い意思の確実さ	1：確実でない 2：確実である	1	1	1	●お金は出さないと思います(Aさん) ●やってみて楽しかったら出すかもしれない(Bさん) ●まだイメージできないけど、多分出さない(Cさん)

構成価値						
	画像の選択のみで、興味や趣味が近い人とつながることができる	マッチングにおける画像選択UXの適切さ	1：適切でない 2：適切である	1	1	1	●用意された画像を少し選んだくらいで自分のパーソナリティはわからないはず(Aさん) ●数個画像選んだだけで気が合うというイメージができない(Bさん) ●音楽の趣味は多岐にわたるので難しいかも(Cさん)
	ランダムで3名でコミュニティができる	ランダムな3名コミュニティの適切さ	1：適切でない 2：適切である	1	1	1	●4人がいい。3人だと話しているときに、1人抜けちゃう感じが(Aさん) ●2人だときまずい可能性があるから、3人はちょうどいい気もするが、どちらでもいい(Bさん) ●もっと多くていい気もする(Cさん)
	コミュニティ上でテキストメッセージのトークができる	テキストメッセージトークの適切さ	1：適切でない 2：適切である	1	1	1	●難しいとは思いつつ、段階を踏んだ方が、個人的にはありがたい、と思うかも(Aさん) ●共通の話題を探るのがめんどうなので、いきなり音声通話の方が手っ取り早い(Bさん) ●人見知りする方なので、あんまり喋らないかも(Cさん) ●逆にランダムなのはいいかも。全然関係ない人と話せる(Cさん)
	気があえば、ご飯に行くことができる	ご飯へ行く導線の適切さ	1：適切でない 2：適切である	1	1	1	●よっぽど気が合ったらいいけど、ご飯に行く、というのは意外と気が乗らないかも。間が持たない(Aさん) ●ご飯に限定ではなく、イベント系に行きたい(Bさん) ●普段の友達とは行けないような場所なら行きたい(Cさん)

価値項目

　全体価値と、どこに価値があるのかをよりクリアに知るため構成価値についても評価基準を設け、採点します。

評価基準

　全体価値はプロトタイピングシートに記載した評価基準です。構成価値はそれぞれ「マッチングにおける画像選択UXの適切さ」「ランダムな3名コミュニティの適切さ」「テキストメッセージトークの適切さ」「ご飯へいく導線の適切さ」という評価基準にします。

評価尺度・対象者採点

　インタビュー対象者それぞれ、評価基準を評価尺度を用いて採点します。

対象となるデータ（発言抜粋）

　点数をつけた理由がわかる発言を抜粋します。

データを見ると、全体価値の評価基準「経験に基づく課題感の確実さ」については、AさんとCさんに以下のような発言があり、自身の経験に基づいた課題感がありそうです。

- *広く友達をつくることが苦手だから広い出会いが欲しい（Aさん）*
- *学校の友達は割とライトな雑談ばっかりだから気が合う友達は欲しい（Cさん）*

一方、評価基準「代替案の利用状況」については、代替案を誰も利用していませんでした。また、評価基準「費用の支払い意思の確実さ」についても、誰も費用の支払い意思がありませんでした。

そのため、採点として評価基準「経験に基づく課題感の確実さ」はAさんとCさんが「2. ある」、Bさんは「1. ない」。「代替案の利用状況」と「費用の支払い意思の確実さ」は全員「1. ない」としました。

以上の結果を、Chapter4.2で考えた「採点結果と評価結果の関係性」と照らし合わせます。

評価基準と尺度	人数	仮説の評価結果
全体価値の評価基準がすべて「1」	1名	仮説は正しくない
全体価値の評価基準がひとつでも「2」	1名	仮説はやや正しくない
全体価値の評価基準がすべて「2」	1名	仮説はやや正しい
全体価値の評価基準がすべて「2」	5名	仮説は正しい

全体価値の評価基準がすべて「2. ある」の人はいませんでした。また、AさんとCさんの評価基準「経験に基づく課題感の確実さ」は「2. ある」と採点したため「仮説はやや正しくない」とします。つまり、現時点ではアイデアに価値はあまりありません。なぜ価値がないかの理由を探るため、構成価値の採点結果を確認します。

構成価値にポジティブな発言はなく、すべてのインタビュー対象者ともに全構成価値を「1. ない」と採点しています。そのため、誰もこのアイデアの構成価値に魅力を感じていないと判断します。

以上を踏まえて評価結果を「現時点ではサービスを利用したいという価値に関する仮説はやや正しくなく、価値はやや明確ではない。ただ、課題感を持つ

人はいるので、課題感を活かしてアイデアをアップデートする必要がある」と
します。

4 5 スプリント1:振り返り

アイデアのアップデート

　次に、アイデアのアップデートが必要であると評価したため、アイデアをアッ
プデートします。

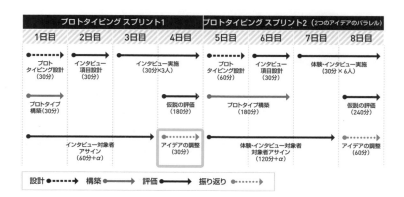

アップデートアイデアA：コア趣味ランダムトーク

　まずは、得られた発言や記載した気づきを確認します。その中で、以下のよ
うな発言がありました。

- *共通の話題を探るのがめんどうなので、いきなり音声通話のほうが手っ
  取り早い（Bさん）*
- *新しい友達は特に欲していない。けど、同じ興味を持った深い友達は欲*

しい（Bさん）

- 学校の友達は割とライトな雑談ばっかり（Cさん）
- 逆にランダムなのはいいかも。全然関係ない人と話せる（Cさん）

　これらの発言から、ターゲットユーザーは学校では表面的な友達が多く、特定の趣味の友達はつくりづらい。そのため、趣味が合う友達を求めており、知り合うきっかけがランダムな会話でも問題ない可能性があります。この点を踏まえてアイデアをアップデートすると「趣味が合う人といきなり音声通話ができる」というアイデアが考えられるかもしれません。同じアプリを利用している人とランダムにつながって会話をすることができるアプリの「斉藤さん」や、音声SNSの「Clubhouse」と近く、より趣味にフォーカスを当てたアイデアです。具体的には「音楽アーティストXXXのファンが3名集まり、曲を聴きながら雑談をする。気が合えばお互いの連絡先がわかり、交流を深めることができる」ものです。このアイデアを、アップデートアイデアA「コア趣味いきなりトーク」とします。

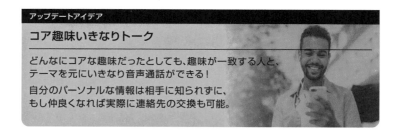

アップデートアイデアA：コア趣味いきなりトーク

アップデートアイデアB：みんなで行けるイベントクーポン

他にも、以下のような発言がありました。

- このくらいの人数で集まりたい、という風に指定できるといいかも。人数によってノリも変わりますし（Aさん）
- ご飯に限定ではなく、イベント系に行きたい（Bさん）
- 普段の友達とはいけないような場所なら行きたい（Cさん）

これらの発言から、ターゲットユーザーは目的なく話すより、何かの目的を持たせたほうが価値を感じる可能性があります。この点を踏まえてアイデアをアップデートすると「目的別のイベントに、行きたい人同士で行ける」というアイデアが考えられるかもしれません。具体的には「来週末の音楽アーティストXXの音楽ライブが4人限定で学割3,980円」や「今週末のミニシアター系映画XXのチケットが3人限定で800円」などです。このアイデアを、アップデートアイデアB「みんなで行けるイベントクーポン」とします。

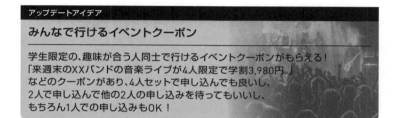

アップデートアイデアB：みんなで行けるイベントクーポン

以上のように評価の結果を踏まえてアイデアをアップデートし、スプリント1は終了です。

参 考 文 献

本書の範囲はプロトタイピングなので、ペルソナやカスタマージャーニーマップなどの新規事業を開発するうえでの他の手法には触れていません。ただ、事業を考えていくうえでは、さまざまな手法とプロトタイピングを組み合わせます。そのため、本書では取り扱いませんが、ターゲットをより深く理解するための手法についても同時に理解しておくことをおすすめします。

● 『はじめてのUXリサーチ ユーザーとともに価値あるサービスを作り続けるために』（松薗美帆、草野孔希 著／翔泳社／2021年）

　　株式会社メルペイでUXリサーチャーとして、UXリサーチを実践されている著者お二人による、UXリサーチの書籍。メルペイという魅力あるサービスをつくり、磨き上げていく過程で得られた知見と経験を、わかりやすい説明と事例で紹介してくれています。

● 『Research & Design Method Index - リサーチデザイン、新・100の法則』（Bella Martin、Bruce Hanington 著／小野健太 監修／郷司陽子 翻訳／BNN／2013年）

カーネギーメロン大学の准教授とユーザーエクスペリエンスのコンサルタントの2名で書かれた書籍で、アイデアを事業化していく中でも使える100個の手法を紹介してくれています（プロトタイピングもこの100個の中の1個に入っています）。

4 | 6　スプリント2：設計

次に、スプリント2に入ります。まずは、スプリント1で2つにアップデートしたアイデアのプロトタイピング設計を行います。

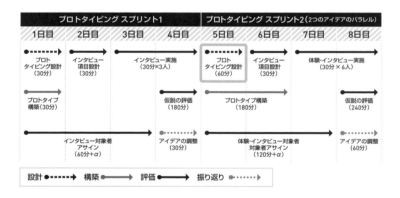

アップデートアイデアAのプロトタイピングシート

「アップデートアイデアA：コア趣味いきなりトーク」のプロトタイピングシートを記入します。

01	確認したい仮説	趣味がマッチする人と、テーマをもとにいきなり音声通話ができるサービスを利用できる	知人ではない趣味が合う人と趣味を介して会話ができる
			知らない人と個人的な情報を開示しないで会話ができる
			気が合えば実際にリアルでも仲良くなれる可能性がある
02	つくるモノ、体験すること（What）	ダーティーエクスペリエンス：音楽の趣味が合う大学生を3人集め、オンラインで音楽を聴きながら会話を30分間してもらう	
03	つくるモノ、体験することの構築方法（How）	アンケートフォームをつくり、チラシプロトタイプでインタビューをした大学生に友人に配布してもらい、音楽の趣味が合う人を調整する。また、適切なオンラインツールと進行の段取りの決定を30分で行う	
04	仮説の評価	データ収集方法	体験が終了した後、価値を感じるかと理由を、3名を対象にオンラインで30分インタビューを行う。発言を仮説マッピング法で把握する
		評価方法	評価基準「経験に基づく課題感の確実さ」「代替案の利用状況」「費用の支払い意志の確実さ」を2段階尺度（1.ない、2.ある）で採点して評価する
05	評価の結果、気づき		

1

2

3

4

5

確認したい仮説

確認したい仮説として、全体価値が「趣味がマッチする人と、テーマをもとにいきなり音声通話ができるサービスを利用できる」。その構成価値を「知人ではない趣味が合う人と趣味を介して会話ができる」「知らない人と個人的な情報を開示しないで会話ができる」「気が合えば実際にリアルでも仲良くなれる可能性がある」とします。

つくるモノ、体験すること（What）

「趣味が合う人といきなり音声通話をする」ことはなかなか体験したことがない人が多いはずです。そのため、ターゲットユーザーにとってもアイデアの価値がイメージしづらいことが想定されます。その場合、チラシやランディングページだけ提示されても、体験がイメージできずに正確なフィードバックが返ってきません。そこで、体験が再現できるダーティーエクスペリエンスを選択し、音楽の趣味が合う大学生を3人集め、オンラインで音楽を聴きながら会話を30分間してもらいます。

つくるモノ、体験することの構築方法（How）

体験をするために、音楽の趣味が合う大学生を集める必要があります。そのため、チラシプロトタイプで協力してもらった大学生に、アンケートを配布してもらい、音楽の趣味が合う大学生を見つけます。また、体験をするためのオンラインツールや当日の進行の段取りも30分程度で決めます。

仮説の評価

データ収集方法は、体験が終了したあと「01.確認したい仮説」で記入した価値を感じるかどうかとその理由を、3名を対象に30分ずつオンラインでインタビューを行います。評価方法はスプリント1と同じです。

 機械学習と適切なプロトタイピング方法

この例のように「音楽の趣味が合う人とマッチして会話ができる」など体験しないとその価値がわかりづらいものとして、機械学習を用いたアイデアが挙げられます。例えば「あなたの読んでいる本や記事から、読むべき情報を毎日レコメンド。フィードバックを踏まえて、あなたに最適な情報をレコメンドできるようにアップデートがされていく」という機械学習を活用したアイデアを考えたとします。このようなアイデアをチラシとして提示しても、提示している情報量が少なくイメージがしづらいので「なんとなく良さそうだね」などの正確性が低いフィードバックが返ってくることが目に見えています。

機械学習を用いたアイデアの価値を確認する方法として、Jacob T. Browne博士は2019年の国際学会で「オズの魔法使い」が最適であると主張しています[*1]。Chapter3.4で記載したように、オズの魔法使いを本書ではダーティーエクスペリエンスとして扱っています。Browne博士は初期段階でこのプロトタイピングを行うことで、機械学習のモデルの設計、ユーザーの体験価値について学習することができるため有用であると指摘しています。機械学習のような新規性が高いアイデアだからこそ、その体験価値を初期段階で早く検証していくことが必要なのです。

アップデートアイデアBのプロトタイピングシート

次に「アップデートアイデアB：みんなで行けるイベントクーポン」のプロトタイピングシートを記入します。

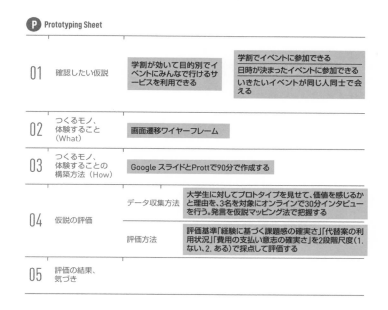

確認したい仮説

確認したい仮説として、全体価値が「学割が効いて目的別でイベントにみんなで行けるサービスを利用できる」。構成価値を「学割でイベントに参加できる」「日時が決まったイベントに参加できる」「いきたいイベントが同じ人同士で会える」とします。

つくるモノ、体験すること（What）

本アイデアはイベントへの参加をするため、イベント参加受付をウェブで行う仕様になる可能性が高いです。そのため、Chapter 3.4で説明したようにウェブなどデジタルのアイデアと相性が良い画面遷移ワイヤーフレームをつくります。

つくるモノ、体験することの構築方法（How）

　ここでは、Google スライドと画面遷移ワイヤーフレームをつくることができるツールの Prott を活用して90分で作成します。

仮説の評価

　データ収集方法は、大学生に対してつくった Prott を見せて「01.確認したい仮説」で記入した価値を感じるかどうかとその理由を、3名を対象に30分ずつオンラインでインタビューを行います。評価方法はスプリント1と同じです。

*1:　J.T.Browne, Wizard of oz prototyping for machine learning experiences, Extended Abstracts of the 2019 CHI Conference on Human Factors in Computing Systems (2019).

4 7 スプリント2：アイデアＡの構築と評価

　アイデアＡとアイデアＢの設計が完了したら、並行してプロトタイピングします。ここでは本書での説明のしやすさのため、先にアイデアＡの構築と評価を説明します。

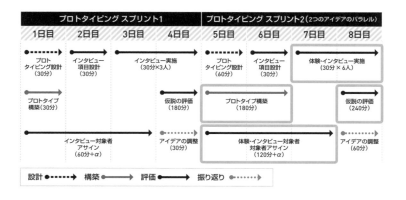

ダーティーエクスペリエンスプロトタイプの構築

本アイデアのプロトタイピングシートに記入した「つくるもの、体験することの構築方法（How）」は「アンケートフォームをつくり、チラシプロトタイプでインタビューをした大学生に友人に配布してもらい、音楽の趣味が合う人を調整する。また、適切なオンラインツールと進行の段取りの決定を30分で行う」でした。こちらを、以下のプロセスで進めます。

趣味を判別する　アンケートを配布　アンケートを集計　スケジュールを調　オンラインで音楽
アンケートを設計　　　　　　　　　して趣味が合う対　整して実行日時を　を聴きながら話せ
　　　　　　　　　　　　　　　　　象者を決定　　　決定　　　　　　る環境を用意

① 趣味を判別するアンケートを設計

まずは、体験してもらう人を決めるために、趣味を確認できるアンケートを作成します。今回アンケートはGoogleフォーム（https://www.google.com/intl/ja_jp/forms/about/）で作成しましたが、アンケート作成ツールは他のものでも問題ありません。アンケート内容は以下としました。

4

- 名前
- 連絡先メールアドレス
- 大学年次
- 1番目に好きな音楽アーティスト（単数選択式）
- 2番目に好きな音楽アーティスト（単数選択式）
- 体験会参加可能日時（複数選択式）

好きな音楽アーティストは、ニッチなものだと趣味が合わない可能性を考慮し、JPOPとJROCKに限定します。対象アーティストは、ヒットランキングを参照し、現役の大学生へのヒアリングも行い15アーティストを選定しました。

② アンケートを配布

次に、アンケートを配布します。機縁法で、最初にインタビューをした大学

生の友人や知人にアンケートのURLを配布してもらいます。体験会に参加してくれた場合の謝礼は、1名あたり10,000円とします。

③〜④ アンケートを集計して趣味が合う対象者を決定＆スケジュールを調整して実行日時を決定

アンケートを集計した結果、RADWIMPSが好きな応募者4名を同じ日程で調整できました。体験会は最低3名必要なので、当日キャンセルの可能性を考慮し1名分余裕を持ち、4名に体験会への参加を依頼。実行日時を確定しました。

⑤ オンライン環境で音楽を聴きながら話せる環境を用意

オンラインで音楽を聴きながら話せる環境を用意するうえで、以下の2つの条件を満たして、もっとも安く・早く実施できる方法を考えます。

（1）相手に個人情報を伝えずにコミュニケーションを取ることができる
（2）好きなアーティストの音楽を流して会話ができる

オンラインミーティングツールのZoomが、上記の2つの条件を満たすためZoomを活用します。

そして、みんなで聴く音楽として、共通で好きなアーティストであるRADWIMPSの新しい曲、古い曲、コアなファンは知っている曲を選定。また、曲を流しただけでは会話が発生しなかったときのために、会話のきっかけとしての質問を 好きな理由を話せる質問、自身の体験を話せる質問、コアなファンは回答できる質問、と3種類用意しました。

以上で体験をする準備が整いました。

体験会での評価対象のデータの取得

体験会の当日は、応募してくれた参加者の4名のうち1名が当日キャンセルで、合計3名が参加してくれました。参加時には、Zoom上の名前とプロフィールアイコンは個人が特定できないものに変更しておいてもらい、オリエンテーションとして、当日の流れと目的を説明。その後に、音楽アーティストの楽曲を聴いてもらいました。説明の際に、参加者同士で感想を話してもらうように投げ

かけてはいたものの、会話は生まれなかったので、Zoomのチャットに用意していた質問を送付。それにより、少し会話が生まれましたが、基本的にZoomのチャットの質問に回答するだけで、相互に質問し合うなどの会話は確認できませんでした。ただ、「映画『君の名は。』の主題歌で一般的な認知度が上がったことについてどう思いますか？」という質問に対してＡさんが「カラオケで歌ったときにみんながわかるようになったのが嬉しかった」と発言。ＢさんとＣさんも強い共感を示し「わかるわかる」「それあったよね」などの発言が見られ、盛り上がりを見せました。30分で体験会は終了、そのまま運営チームが3名に対して、インタビューを実施しました。インタビューは録画し、逐語メモを作成しました。

仮説の評価

　インタビューで得た発言を仮説マッピング法で価値ごとに分類したうえで、評価をします。ここでは、Chapter4.4と同様に採点結果をまとめたものを見ていきます。

価値項目		評価基準	評価尺度	対象者採点			理由となるデータ（発言抜粋）
				A	B	C	
全体価値	趣味がマッチする人と、テーマを元にいきなり音声通話ができるサービスを利用できる	経験にもとづく課題感の確実さ	1：確実でない 2：確実である	2	1	2	●好きなアーティストの話ができる人が学校にいないので欲しい（Aさん） ●バイトなどで忙しいから新しい友達が欲しいかと言われると微妙（Bさん） ●一緒にライブに行く友達がいなくて困ってる（Cさん）
		代替案の利用状況	1：利用してない 2：利用している	2	1	1	●Twitterで趣味アカウントがあり、盛り上がって一度オンライン飲み会をやってことがある（Aさん） ●特にない（Bさん） ●Twitterで好きなアーティストが同じ人と会話をしている友達がいて羨ましいと思っている（Cさん）
		費用の支払い意思の確実さ	1：確実でない 2：確実である	2	1	1	●月額1,000円くらいであれば払う（Aさん） ●払わない（Bさん） ●もう少し試して価値があれば払う（Cさん）

価値項目	評価基準	評価尺度	対象者採点 A	B	C	理由となるデータ（発言抜粋）
構成価値 知人ではない趣味が合う人と趣味を介して会話ができる	趣味が合う相手との会話の満足度	1.満足でない 2.満足	2	2	2	●楽しい。ただ、好きの度合いが異なる場合があるので、その場合が怖い。すごいマニアックな人とか（Aさん） ●あんまりしたことがない体験だったが、最後の方はわりと楽しかった（Bさん） ●やっぱり同じ趣味の人がと繋がれるっていうのはすごくなんかいいなと思った（Cさん）
知らない人と個人的な情報を開示しないで会話ができる	個人情報を開示しない会話の満足度	1.満足でない 2.満足	1	1	1	●細かい情報はいらないが、怪しい人じゃないかどうかや、共通点がわかると良い（Aさん） ●声だけだったので顔が見えないじゃないですか、表情とか見れたらいいのになって（Bさん） ●イメージ的には、すごいもっとざっくばらんに喋れるイメージがあったんですけど、結構形式的な会話だった（Cさん）
会話をした相手と会うことができる	会うことへの導線の適切さ	1：適切でない 2：適切である	1	1	1	●まだこの人だから会いたい、という気持ちにはなっていない。何回か回数を重ねる（Aさん） ●趣味が同じでも、人としてあうのか、というのもある（Bさん） ●顔を知らないSNSで知り合った人と会うっていうのは、犯罪じゃないが、そういうのに繋がらないかなっていうのがなんかどっかである（Cさん）

　データを見ると、全体価値の評価基準「経験に基づく課題感の確実さ」については、AさんとCさんに以下の発言があり、自身の経験に基づいた課題を持っており、課題感がありそうです。

- *好きなアーティストの話ができる人が学校にいないので欲しい（Aさん）*
- *一緒にライブに行く友達がいなくて困ってる（Cさん）*

　また、評価基準「代替案の利用状況」についても、Aさんは以下の発言のように、Twitterで知り合った趣味が合う人とオンライン飲み会をしたことがありました。

- *Twitterで趣味アカウントがあり、盛り上がって一度オンライン飲み会をやったことがある（Aさん）*

　評価基準「費用の支払い意思の確実さ」についても、Aさんは以下の発言のように支払い意思を示しました。

- *月額1,000円くらいであれば払う（Aさん）*

　そのため、採点として、評価基準「経験に基づく課題感の確実さ」はAさんとCさんが「2.ある」、Bさんは「1.ない」。「代替案の利用状況」と「費用の支払い意思の確実さ」はAさんが「2.ある」、BさんとCさんは「1.ない」とし

ました。

　以上の結果を、Chapter4.2で考えていた「採点結果と評価結果の関係性」
と照らし合わせます。

評価基準と尺度	人数	仮説の評価結果
全体価値の評価基準がすべて「1」	1名	仮説は正しくない
全体価値の評価基準がひとつでも「2」	1名	仮説はやや正しくない
全体価値の評価基準がすべて「2」	1名	仮説はやや正しい
全体価値の評価基準がすべて「2」	5名	仮説は正しい

　Aさんを評価基準「経験に基づく課題感の確実さ」「代替案の利用状況」「費
用の支払い意思の確実さ」について「2.ある」と採点したため、全体価値の評
価基準がすべて「ある」人が1名いることになります。そのため、「仮説はや
や正しい」とします。つまり、アイデアに価値がある可能性がありそうです。
どこに価値があったのか・なかったのかを探るため、構成価値の採点結果を確
認します。

　すると「知人ではない趣味が合う人と趣味を介して会話ができる」ことは全
員満足しているため、価値を感じてくれていそうです。ただ、「知らない人と
個人的な情報を開示しないで会話ができる」「会話をした相手と会うことがで
きる」には価値を感じていなそうです。

　以上を踏まえて評価結果を「現時点ではサービスを利用したいという価値に
関する仮説はやや正しく、価値はやや明確である。また、その価値は知人では
ない趣味が合う人と趣味を介して会話できることが大きいと考えられる」とし
ます。

1

2

3

4

5

次に、アップデートアイデアB：みんなで行けるイベントクーポンの構築と評価を説明します。

画面遷移プロトタイプの構築

まずは、画面遷移プロトタイプをつくります。安くつくるために、お金がかからないツールを選択します。また、複数名でつくることができるように、操作が簡単なツールを用います。そこで今回は、Google スライドで画面イメージの画像をつくり、画像を Prott に登録し画面遷移プロトタイプをつくります。画面遷移プロトタイプの作成は Figma や Adobe XD で作成することが多いですが、今回は無料であることと、できるだけ多くの人が操作に慣れているツールであることを優先して Google スライドと、操作が比較的簡単な Prott で説明します。

Google スライドで画面のイメージをつくる

まずは、Google スライドの画面サイズを変更して、画面のイメージをつくります。

以下はトップページの例です。画面の情報の配置は自由ですが、以下のようなエリアに分けて組むこともできます。

① タイトルエリア

アイデアのタイトルを入れ込みます。

② イメージエリア

アイデアを想起させることができるイメージ画像やアイコンを配置します。

※イメージ画像は、インターネット上で入手することができる無料写真素材やアイコンを活用しましょう。写真素材であれば O-DAN（https://o-dan.net/

① タイトルエリア

② イメージエリア

③ 概要エリア

④ 追加情報エリア

⑤ 遷移ボタンエリア

ja/）や Unsplash（https://unsplash.com/）、アイコンであれば「いらすとや」（https://www.irasutoya.com/0）や flaticon（https://www.flaticon.com/）などが活用可能です。

③ 概要エリア

アイデアを端的に説明するテキストを入れ込みます。ここでは「イベントごとに、一定の人数が集まったら学割で行けるクーポンをプレゼント！応募したメンバーと一緒にイベントを楽しみましょう」というアイデアの概要を入れ込みます。

④ 追加情報エリア

アイデアをイメージしやすくする追加の情報を入れ込みます。ここでは、「いまおすすめのイベント」としてイベントとクーポンなどの具体例を入れ込みます。

⑤ 遷移ボタンエリア

次のページに遷移するためのボタンを入れ込みます。

以上のようにアイデアの画面を作成していきます。例えば「学割イベントクーポンを探す」ボタンを押したあとに遷移するページとしては、次のような画面が想定されます。

「学割イベントクーポンを探す」ボタンを押したあとに遷移するページのイメージ

　こちらのページには「いまおすすめのイベント」や「今日・明日すぐにいける イベント」や「カテゴリから探す」などの情報を配置し、ユーザーがさまざ まなイベントを探しやすいようにしています。本アイデアについて作成した他 の画面の例は以下です。

　以上で画面イメージの作成は完了です。続いて、これらの画面をProttに登録するために、画像として書き出します。

Prottで画面遷移を設定する

　Prottは、デザイン会社の株式会社グッドパッチが提供するプロトタイピングツールです。本来は、画面イメージもつくることができるなど多様な機能がありますが、今回は画像をアップロードし、画面の遷移を設定するために用います。まず、作成した画像をProttにアップロードし、ボタンを押した際の動きなどである、遷移を設定していきます。

※本書ではProttの詳細な操作方法は説明しませんが、Prottのヘルプセンターに「Prottの基本：使い方動画」（https://docs-ja.prottapp.com/article/259-prott-web）がまとまっています。こちらを参考にしながらぜひご自身でもつくってみてください。

右側の画像から遷移を設定したい領域を選び、遷移を設定していく

すべてのページで遷移の設定が完了したら、プレビュー画面から想定した通りに動作するか確認します。想定通りに動作するようになったらProttを用いた画面遷移プロトタイプの作成は完了です。パスワードをつけて動作が確認できるURLも出力できるので、ユーザーインタビューの際に活用する場合は発行します。

プロトタイプを用いたインタビュー

　アイデアAでアンケートに回答してくれた人の中から、インタビューに答えてくれる人を探してインタビューを実施しました。

Prottの画面のURLをZoomのチャットで送付して手元で触ってもらいながら、
画面共有をしてアイデアについて伝えて、インタビューを実施

　基本的な流れは体験会でのインタビューと同様です。それぞれの価値ごとに質問をして、適宜深掘りします。インタビューは録画し、逐語メモを作成しました。

仮説の評価

　インタビューで得た発言を仮説マッピング法で価値ごとに分類したうえで、評価をします。ここでは、Chapter4.4と同様に採点結果をまとめたものを見ていきます。

	価値項目	評価基準	評価尺度	対象者：A	対象者：B	対象者：C	理由となるデータ（発言抜粋）
全体価値	学割が効いて目的別でイベントにみんなで行けるサービスを利用できる	経験に基づく課題感の確実さ	1.確実でない 2.確実である	2	1	1	●行きたいイベントがあるし、一人だと厳しいから誰かと行きたいというのは割と高頻度である（Aさん） ●一緒に行く人が誰もいなければ一人でいく（Bさん） ●大体一緒に行く友達が決まっている（Cさん）
		代替案の利用状況	1.利用してない 2.利用している	1	1	1	●特にない（Aさん） ●イベント探しはするけど、友達誘うか一人で行く（Bさん） ●特にない（Cさん）
		費用の支払い意思の確実さ	1.確実でない 2.確実である	1	1	1	●学割分で安くなるならその中から払うくらいなら（Aさん） ●そもそも利用しないと思います（Bさん） ●学割を使ってちょっとでも安く、お財布に優しいということであれば使ってみたい（Cさん）
構成価値	学割でイベントに参加できる	学割の適切さ	1.適切でない 2.適切である	2	2	2	●学割はめちゃくちゃ魅力的。参加モチベーションが湧いてくる（Aさん） ●バイトしているけど月5万とかでお金がないのでありがたい（Bさん） ●いっつも金欠気味なので嬉しい（Cさん）
	日時が決まったイベントに参加できる	日時が決まっていることの適切さ	1.適切でない 2.適切である	2	2	2	●今週末暇！ということがあるので決まっている方が嬉しい（Aさん） ●先に決めておけば予定とか組めるしその日をあけとけばいいので先に決まっているといい（Bさん） ●自分たちで日時調整するのとか、すごい面倒くさいので、日程が決まっているのはすごく良い（Cさん）
	いきたいイベントが同じ人同士で会える	会うことへの導線の適切さ	1.適切でない 2.適切である	1	2	1	●いきなりリアルで会うのはちょっとハードルが高い気もする（Aさん） ●行く目的だと気が合いそうで、喋るのも楽しそう（Bさん） ●一人がドタキャンしてクーポン使えないとかなった時など、トラブルが起こりそう（Cさん）

　データを見ると、全体価値の評価基準「経験に基づく課題感の確実さ」については、Aさんは以下の発言があり、自身の経験に基づいた課題感がありそうです。

　　「行きたいイベントがあるし、一人だと厳しいから誰かと行きたいというのは割と高頻度である」（Aさん）

　一方、評価基準「代替案の利用状況」については、代替案を誰も利用していませんでした。また、評価基準「費用の支払い意思の確実さ」についても、誰も費用の支払い意思がありませんでした。

　そのため、評価基準「経験に基づく課題感の確実さ」はAさんが「2.ある」、BさんとCさんは「1.ない」。「代替案の利用状況」と「費用の支払い意思の確実さ」は全員「1.ない」としました。

　以上の結果を、Chapter4.2で考えていた「採点結果と評価結果の関係性」

と照らし合わせます。

評価基準と尺度	人数	仮説の評価結果
全体価値の評価基準がすべて「1」	1名	仮説は正しくない
全体価値の評価基準がひとつでも「2」	1名	仮説はやや正しくない
全体価値の評価基準がすべて「2」	1名	仮説はやや正しい
全体価値の評価基準がすべて「2」	5名	仮説は正しい

1

Aさんの評価基準「経験に基づく課題感の確実さ」を「2.ある」と採点しました。ただ、「代替案の利用状況」と「費用の支払い意思の確実さ」については「1.ない」と採点しています。そのため「仮説はやや正しくない」とします。つまり、現時点ではアイデアに価値はあまりありません。なぜ価値がないかの理由を探るため、構成価値の採点結果を見てみます。

2

すると、「日時が決まったイベントに参加できる」については価値があることを示唆する以下のような発言がありました。

3

- *今週末暇！ということがあるので決まっているほうが嬉しい（Aさん）*
- *先に決まっておけば予定とか組めるしその日をあけとけばいいので先に決まっているといいです（Bさん）*
- *自分たちで日時調整するのとか、すごい面倒くさいので、日程が決まっているのはすごく良い（Cさん）*

4

また、「学割でイベントに参加できる」は利益がわかりやすいため、価値があることが示唆されています。ただ一方、「いきたいイベントが同じ人同士で会える」については価値がないことを示唆する以下のような発言がありました。

5

- *いきなりリアルで会うのはちょっとハードルが高い気もする（Aさん）*
- *一人がドタキャンしてクーポンが使えなくなったときなど、トラブルが起こりそう（Cさん）*

つまり、日時調整の面倒くささや、時間があるときにいつでも行けることは価値がある可能性がある一方、いきなり知らない人同士で利用することは価値がない可能性があります。

以上を踏まえて評価結果を「現時点ではサービスを利用したいという価値に

関する仮説はやや正しくなく、価値はやや明確ではない。ただ、構成価値の、日時が決まったイベントに参加できることについては価値がある可能性がある」とします。

4 9 スプリント2:振り返り

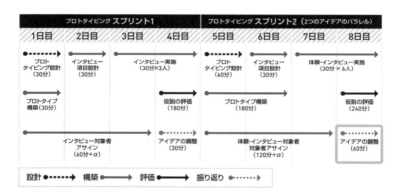

プロトタイピングの当初のゴールとしていた「価値が明確ではない」状態から「価値がやや明確」な状態にすることは、アイデアA「コア趣味いきなりトーク」を「現時点ではサービスを利用したいという価値に関する仮説はやや正しく、価値はやや明確である」という評価結果としたため、達成できたと判断します。

当初想定していた現在地とゴール

このあとは、2つのアイデアのプロトタイピングをさらに実施していきます。アイデアAはユーザーにとって価値が明確にあることを示すためにアイデアを

アップデートして再度プロトタイピングします。アップデートをするポイントとしては、構成価値の「知らない人と個人的な情報を開示しないで会話ができる」に関する以下のような発言が参考になりそうです。

- *細かい情報はいらないが、怪しい人じゃないかどうかや、共通点がわかると良い（Aさん）*
- *声だけだったので顔が見えないじゃないですか、表情とか見られたらいいのになって（Bさん）*
- *イメージ的には、すごいもっとざっくばらんに喋れるイメージがあったんですけど結構形式的な会話だった（Cさん）*

これらの発言から「いきなり会話をする前に、ある程度の共通点がわかるようにする」「会話の最中にカメラをオンにする。もしくは、キャラクターのようなアバターを用意する」「フランクな会話が行えるような場にする」などアイデアのアップデートができます。

アイデアBについては、Chapter4.8で紹介した構成価値に関する発言から、「知人・友人間でみんなが空いている日程で行けるイベントを提案する」アイデアにアップデートすることなどが考えられます。

この際に、並行プロトタイピングの利点である学習の相乗効果を踏まえて、どちらかのアイデアで得られた気づきで、もう一方のアイデアをブラッシュアップすることができないかも意識します。例えば、アイデアBにおいて得られた、日時調整がめんどうという課題意識は、アイデアAにおいても体験会をする日時を決めるところで参考にできるかもしれません。

以上でアイデアの例を用いた演習は終了です。短期間でのプロトタイピングを通して新しい気づきを獲得し、アイデアがよりユーザーにとって価値があるものに変化していくプロセスについて説明しました。ただ、今回の例はあくまで一つのサンプルに過ぎません。そこで、次の章の活用事例も参考にして、ぜひご自分のプロジェクトで活用してみてください。最初に活用する際には「とりあえずプロトタイピングシートを埋めてみる」など部分的で構いませんので、試してみるところからはじめてみましょう。

- プロトタイピングをする際にはアイデアの状態を考慮したうえで、目的を達成できるようにスケジュールを引く。今回のケースでは、学習効果をできるだけ高めることを意識した。
- 価値のプロトタイピングでは、どの価値があるのかを把握しやすくするため、全体価値と構成価値を考える。
- プロトタイピングを実施した結果、アイデアの全体価値がある場合は、ユーザーの発言などから得られた情報を踏まえて、価値をさらに明確化していく。全体価値がない場合は、得られた情報から構成価値の中でユーザーの課題にフィットするものがないかを探して、その構成価値をベースにアイデアを考え直していく。

Chapter5

プロトタイピング活用事例

1

2

3

4

5

Chapter4までの内容をさらに発展させ、大企業からスタートアップまで、さまざまな企業で活用されているプロトタイピングの事例をお伝えします。これにより、プロトタイピングの活用の幅を広げることができます。

PROTOTYPING

短期間での集中的な プロトタイピングスプリント

> サントリーホールディングス株式会社

 ダークホースプロトタイピングや並行プロトタイピングなどさまざまな手法を活用することによる、アイデアのブラッシュアップや、ステークホルダーへの説得力の向上。

　麦のうまみにこだわった"幸せな家庭の食卓にもっともふさわしい新ジャンル"をコンセプトにした「金麦」。金麦の新サービス開発プロジェクトに約6週間筆者が伴走。プロトタイピングスプリントの設計とディレクションを実施しました。サントリーホールディングス株式会社デジタル本部デジタルマーケティング部と、株式会社メンバーズ ポップインサイトカンパニーとともに、並行プロトタイピングやダークホースプロトタイピングなどのプロトタイピング手法を用いて集中的にプロトタイピングを実施。短期間での集中的なプロトタイピングスプリントにおいて、多様なプロトタイピング手法を活用する意味や効果について見ていきます。

プロトタイピングスケジュールの策定と認識のすり合わせ

　筆者がプロジェクトに入ったタイミングで、新サービスの検討中のアイデアが20点ほど存在しました。そこから、6週間でプロトタイピングを実施し、ユー

ザーニーズを踏まえてアイデアの絞り込みを行うことが目的でした。アイデアの価値の状態でいうと、ユーザーからフィードバックをもらったことはない、価値が明確ではない状態で、そこから6週間の間でユーザーにとってある程度価値が明確である状態に持っていくことがゴールです。そこで、プロトタイピングの行動原則「早く・安く・何度も・並行して」を踏まえ、大きく2スプリントに分けたプロトタイピングスケジュールを策定。プロトタイピングを行うことによる学習を最大化し、スプリント終了時に1〜2点ほどのアイデアが残る設計としました。

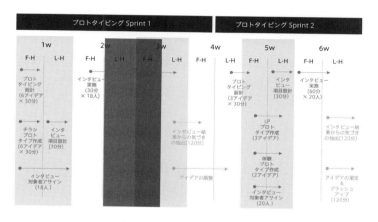

プロトタイピングの最終的な流れ

　プロトタイピングを実施するプロセスのスケジュールを検討する際には、関係者の稼働が可能な工数を確認しながら「早く・安く・何度も・並行して」プロトタイピングを実施できるように調整しました。その際には、プロトタイピングを行ううえで関係者が実施する必要がある作業や工数をイメージできるようなドキュメントを作成し、確認を取ることで認識のずれが発生しないように気をつける必要があります。できるだけ並行して、何度もプロトタイピングをしようとすると工数が膨らんでしまいます。そのため、全体の関係者で確保できる工数を把握したうえで、無理がない範囲でもっとも「早く・安く・何度も・並行して」を達成できるようにスケジュールを立てる必要があります。その結果、今回のプロトタイピングスプリントでは、当初20点あったアイデアをスプリント1で6アイデア残し、プロトタイピングシートを埋めた内容に沿って

チラシをつくりユーザーインタビューを実施。その後チーム内で評価をしてスプリント2で3アイデアに絞り、ランディングページをつくるとともに、ダーティーエクスペリエンスできる環境も構築しました。

　以上のようにスケジューリングし、そのうえで実施したプロトタイピングプロセスにおいて、特に効果的だった箇所を紹介します。

わざと不確実性が高いアイデアを残すことで学習する 「ダークホースプロトタイピング」

　初期の20点ほどのアイデアから、プロトタイピングに進めるアイデア6点を選択する際には「ユーザーニーズ」や「金麦らしさ」などの項目で評価をし、選択を実施しました。そこにあえて「気にはなるけど実現可能性が低く、リスクのあるアイデア」を複数個残しました。これらのアイデアは、選択時の評価も高くなく、通常のアイデア選択であれば「気にはなるけど、実現可能性がないよね」「これは突拍子もなさすぎてユーザーは求めてないでしょ」「こんなアイデア実施したらリスクが高すぎる」と、却下されてしまうようなアイデアたちです。このダークホースのような、みんなが正解と思うものから逸脱しているけれども、どこか気になるアイデアを残し、プロトタイピングをすることで、予期せぬ気づきを獲得し、より創造的に考えて革新的なアウトプットを生み出すことにつなげるのです。それが、**ダークホースプロトタイピング**です。

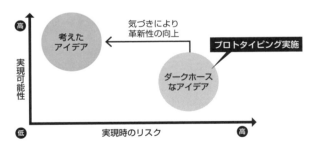

ダークホースプロトタイピングのイメージ

　実際に、実現可能性が低く、金麦らしさからも離れた、本来であれば選択しない高難易度ゲームのようなアイデアをダークホースとしてわざと残し、プロ

トタイプをつくり、そのプロトタイプを用いてユーザーインタビューを実施。その結果、ダークホースプロトタイプ自体はユーザーニーズがあまりない結果となりましたが、そこから「一般的ではないような、自分にとって難易度が高いと感じるような深い情報を魅力的に感じる」という予期せぬ気づきを得て、他のアイデアのブラッシュアップをすることにつながりました。

ダークホースアイデアの選定と「多様決」

アイデアを選定する際にはさまざまな方法があります。その中で、よく用いられるのが多数決です。ただ、多数決では少数派の意見が通らない、リスクが少なく実現可能なアイデアが残ってしまうなどの傾向があります。そこで、システム・アーティストの安斎利洋氏が提唱する多様決という方法を紹介します。多様決では、アイデアに投票する際に「イイネ」という赤いシールと、「ヤバイネ」という青いシールで投票します。そして「イイネ」と「ヤバイネ」の掛け算でアイデアを選定します。つまり、実現可能性が低く、リスクはあるけどどこか気になるアイデアが「ヤバイネ」を集めることにつながります。ダークホースとして選ぶのは、この「ヤバイネ」がたくさん集まるアイデアがおすすめです。ダークホースプロトタイピングをする中で「ヤバイネ」と感じた理由が明確化され、その要素を本筋のアイデアに取り込むこともできるでしょう。

LINEを活用した3日間の「ダーティーエクスペリエンスプロトタイピング」

1回目のスプリントが終了し、アイデアを3つに絞り込み、それぞれのアイデアのプロトタイピングシートを記入していきました。そして、3つのアイデアのプロトタイピングとして、ランディングページを制作してユーザーインタビューをするプロトタイピングを実施。また、ランディングページだけではなく、3つのうち2つのアイデアを対象に、ユーザーにアイデアを体験してもらうダーティーエクスペリエンスプロトタイピングも実施しました（もうひとつのアイデアは内容と工数の都合で断念）。

ダーティーエクスペリエンスプロトタイピングを実施した2つのアイデアは、ユーザーに情報が配信されるデジタルサービスのアイデアだったため、それぞれのアイデアのユーザー体験を試すために、プロトタイピング用のLINEビジ

2

3

4

5

ネスアカウントを作成し、配信する情報を策定。また、どのユーザーにどの時間でLINEアカウントから情報を送信するかなどの、よりアイデアに近い体験をプロトタイピングするための設計を行っていきました。

配信スケジュールは時間ごとに配信内容を決めて管理。
実際は、上記のシートに対象者と送信情報を記載していった

　2つのアイデアともに3日間、3名を対象にLINEアカウントから、それぞれのアイデアに近い体験ができるように最適化した情報を配信。そして体験終了後、インタビューを実施して体験についてヒアリングをしていきました。ユーザーが体験をすることで、インタビューにおけるフィードバックの質は非常に深いものになります。やはり、ランディングページを見ただけのインタビューでは、インタビューを受ける人もアイデアのことを想像しながらフィードバックをするので、あくまで「自分がもし使ってみたら」という視点になります。そのため、想像の範囲を出ない粗いフィードバックになってしまうのです。一方、3日間体験したユーザーは、アイデアの良いところや悪いところまで把握したうえでフィードバックをしてくれます。例えば「3月21日15時30分ごろにメッセージを送ってもらいましたが、そのときに私はちょうど夕飯の買い物をどうしようか悩んでいて、送ってもらった情報が魅力に感じたんです。それが、買い物に行って料理をするきっかけになりました」という実際の生活上の状況やリアルな感想を踏まえてフィードバックをしてくれます。

　また、その体験を通じて、商品購入などの行動変容につながったのか、とい

うところまで検証することが可能です。このため、アイデア段階におけるダーティーエクスペリエンスプロトタイピングは非常に効果的であり、本件においても同様でした。

プロトタイピングを実施することでのステークホルダーへの説得力向上

2回のスプリントが終了し、評価を経てブラッシュアップしたアイデアをサントリーホールディングスの担当者が社内の主要なステークホルダーに共有する際にも、プロトタイピングの効果が発揮されました。具体的には、実際にサービスを体験してユーザーに提示しているため、ユーザーからのフィードバックが深く、それにより説得力を持って説明することが可能になったのです。さらに、アイデア自体のGo or No Goを決める、意志決定にもつながりました。これは、プロトタイピングの持つ役割であるコミュニケーションと意志決定が効いた事例と言えるでしょう。

以上のように、短期間でも集中的にプロトタイピングを繰り返すことで、アイデアの効果的なブラッシュアップと、意志決定につなげていくことが可能になるのです。

 ダークホースプロトタイピングの研究

ダークホースプロトタイピングは、1999年にスタンフォード大学のMark Cutkosky教授により提示され、長年にわたり予期せぬ気づきと、革新的な結果を生み出し続けてきました[1]。

ダークホースプロトタイピングを実行するポイントは3点あります。

1. ダークホースプロトタイプの構築は、現在進めているアイデアとは別の方向性のものであるため、違和感を覚えることがあることを理解しておく。
2. ダークホースプロトタイピングは「逸脱」することが重要。
3. 作成したプロトタイプを、客観的にユーザーがフィードバックできるようにする。

通常考えられるアイデアとは異なる、逸脱したアイデアをプロトタイピングする際には「本当に大丈夫だろうか？」などの疑問や違和感が生じます。そこを許容しなが

らプロトタイピングを実施し、さらにチームの中だけではなく、客観的にユーザーが
フィードバックできるようにすることで、自分たちのチームの中では気づけなかった
ことも指摘してもらい、学習効果を最大限まで高めることができます。

　また、ダークホースプロトタイピングに関するLuiz Durão博士らの定量的な研究
も紹介します。彼らは、6年間にわたり59のプロジェクトにおけるダークホースプロ
トタイピングの実施状況について調査を行い、以下の結論を示しました[2]。

　　　・ダークホースプロトタイピングが最終的なソリューションに影響を与える可能
　　　　性が高い
　　　・ダークホースプロトタイピングは、プロジェクトの方向性の明確な変化や全体
　　　　的な最終ソリューションの改善につなげる

　つまり、想定しているアイデアから逸脱した、実現可能性が低くリスクがあるよう
なアイデアをあえてプロトタイピングすることで、予期せぬ気づきを得て、アイデア
をより良くしていくことにつながるのです。

[1]:　T.Bushnell, S.Steber, A.Matta, M.Cutkosky, L.Leifer, USING A "DARK HORSE" PROTOTYPE TO MANAGE
　　　INNOVATIVE TEAMS, 3rd International Conference on Integration of Design, Engineering and
　　　Management for Innovation, (2013), p. 8.
[2]:　L.Durão, K.Kelly, D.Nakano, E.Zancul, C.Mcginn, Divergent prototyping effect on the final design
　　　solution: the role of "Dark Horse" prototype in innovation projects, Procedia CIRP. 70. 265-271. 10.1016/
　　　j.procir.2018.03.278,(2018).

　事例2　# デザインプロセスにおける
プロトタイピングの活用

> パナソニック ホールディングス株式会社

 Feature 4ヶ月間での定性・定量的なリサーチとダーティーエクスペリエンスプロトタイピングなどを活用した課題と価値の探索。

パナソニック ホールディングス株式会社でイノベーションの推進を行うくらし基盤技術センターが実施する、高齢者を対象にした新価値創出を目的としたプロジェクトに筆者が参加。パナソニック ホールディングス株式会社と株式会社PRISMとともに、定量・定性リサーチ、リサーチ結果からのアイディエーション、アイデアのプロトタイピングを実施しました。ここではプロトタイピングだけではなく、デザインプロセス全体を俯瞰的に捉えることで、プロトタイピング以外の手法とプロトタイピングとの関係性や連携方法を理解することを目的に、実施したデザインプロセスについて見ていきます。

4ヶ月間のデザインプロセス全体の設計

プロジェクトの目標は、ユーザーが抱える課題をクリアにし、その課題を解決するアイデアを4ヶ月程度で策定したうえで、その後のアイデアをブラッシュアップしていく活動につなげることでした。つまり、プロジェクト開始時点ではユーザーである高齢者の課題もわからなく、提供する価値も明確ではありません。この状態から4ヶ月間で、ある程度ユーザーに提供する価値が明確な状態に持っていく必要がありました。

そこでまずは、ターゲットユーザーである高齢者への理解を深めるためにリサーチを行い、ユーザーの課題を特定し、その課題を解決するアイデアを創出、その後アイデアをプロトタイピングするアプローチをとりました。

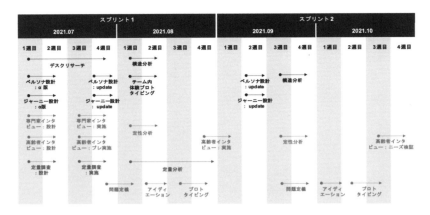

デザインプロセスの流れ

このスケジュールで実施したプロセスの流れを見ていきます。

ユーザーの課題と、課題を解決することにより得られる価値を見つけるためのリサーチと分析

　まず、チーム内での現状の認識をすり合わせるため、デスクリサーチを実施し、ペルソナとカスタマージャーニーを制作。この時点でのペルソナやカスタマージャーニーは、プロジェクト開始直後のため、非常に粗いものになりますが、α版としてチームの中の認識をすり合わせる効果があります。

　そして、ターゲットユーザーの高齢者についての理解を深めるためにインタビューによる定性調査、インターネットリサーチによる定量調査、チーム内の探索的なダーティーエクスペリエンスプロトタイピングを実施していきました。

定性調査：専門家・高齢者インタビューとKJ法による分析

　定性的な調査として、地域包括支援センター勤務者や理学療法士、高齢者向けの実証実験経験者や研究者などの専門家と、当事者である高齢者を対象にインタビューを実施。高齢者を取り巻く社会的な構造や、その構造の中で高齢者の方々が何を感じ、何を思っているかについて解像度を高めていきました。このインタビューの内容はすべて逐語でとり、30〜50文字程度に編集をしてポ

ストイットに書き出し、オンラインホワイトボードツール上に貼り出していきました。そしてそれらの大量の発言を、似た傾向があるものでグルーピングをし、グループの名前をつけることで、高齢者についての認識していなかった気づきを抽出していきました。

定量調査：インターネットリサーチを活用した相関分析やクラスター分析

定性調査を行いながら、定量調査として、並行して高齢者を対象としたインターネットリサーチを実施しました。このインターネットリサーチでは、家族と会う頻度やコミュニケーションに関する事柄などについて質問。回収したデータを単純集計や相関分析にかけて、データ全体の傾向を把握。この結果から「女性は社会的な交流に不満を覚えると、新しい人との関わりを求め外出をする。配偶者と暮らすことでさみしさはまぎれるが、社会的な交流が満たされるわけではない」などの気づきを抽出していきました。また、データをいくつかのクラスター（集団）に分けることができる分析法であるk-means法を用いてデータをクラスターに分類、ターゲットである高齢者がどのような傾向を持つクラスターに分類されるのかを明らかにしました。

探索型プロトタイピング：チーム内での高齢者の感覚の体験

さらに、本プロセスでは探索的なプロトタイピングとして、仮説として持っていた「高齢者の身体感覚はチーム内メンバーの身体感覚と異なる」を確認するためのダーティーエクスペリエンスプロトタイピングをチーム内で実施しました。このプロトタイピングは、Chapter 1.1のプロトタイピングの実例で紹介した「交通機関の乗車体験プロトタイピング」のようなもので、実際に体験することで気づきを得たり、コンテキストを理解するためのプロトタイピングです。探索的なプロトタイピングについてはChapter 1.5の［深掘りMEMO］もご参照ください。

具体的には、VRツールを活用して高齢者の状態を体験。それに加えて高齢者疑似体験セットを通じてターゲットユーザーの身体的な機能がどのようなものであるかを体験しました。これにより「身体的な機能の制限が精神的な要素に対しても影響を与える」という気づきを獲得。また、チームの中で高齢者の

身体的な機能に対する共通の認識を得ることにつながりました。この探索的な
プロトタイピングでは、仮説を確認するために体験をする方法はしっかりと設
計しましたが、評価はチーム内のコミュニケーションとしての認識の共有と、
気づきの学習が目的であったため、簡易的にチーム内でディスカッションで行っ
ています。

高齢者疑似体験セットを使用するチームメンバー

各種リサーチの統合：ペルソナとカスタマージャーニーの アップデート

そして、定性調査で実施したインタビューの結果と、定量調査で分類したク
ラスター、探索型プロトタイピングでの体験を踏まえて、最初に策定したペル
ソナとカスタマージャーニーをアップデートしていきました。この時点で、質
的データと量的データから高齢者に対するチームの理解はプロジェクト開始時
と比較して深くなっているので、ペルソナとカスタマージャーニーの精度も高
くなります。

リサーチ結果からのアイディエーションと並行プロトタイピング

リサーチを行った結果から、ターゲットユーザーである高齢者はどのような
課題を抱えているのかを検討しました。そして、特定した課題を解決できる問
いの形に変換していきます。例えば「どうしたら移動の総量が増えると孤独の
総量が減ることを認識できるだろうか？」などです。このような問いを解くア

イデアを考え、約100点のアイデアを創出。そしてその中から10アイデアほどを抜粋。そのうえで評価軸である「ペインへの対応性」「新規性」「実現可能性」などを踏まえてアイデアを選定。4つのアイデアのプロトタイピングシートを同時に埋め、並行してプロトタイピングしていきました。

　以上が1回目のスプリントです。2回目のスプリントでは、さらに新しい問い、問いから創出された新しいアイデアを考え、再度3つのアイデアを並行してプロトタイピングを実施しました。

　つまり、本デザインプロセスでは1回目のスプリントで4つのアイデアのプロトタイピング、2回目のスプリントで3つのアイデアのプロトタイピングを並行して実施しています。並行してプロトタイピングをした理由としては、プロトタイピングを実施した時点では、リサーチを通じて解決するべき高齢者の持っている問題や課題は特定できていたものの、どのように解決するかのアイデアは絞れていない状態です。この時点で解決策であるアイデアをひとつに絞ってしまうと、そのアイデアが問題を解決することにつながらなかった場合、また振り出しに戻ってしまいます。そのため、アイデアを複数並行してプロトタイピングすることで、アイデアの見直しと再検討をしやすい状況にしました。そして、複数並行してプロトタイピングをするためには、それぞれのアイデアをプロトタイピングする際に早く・安く実行することで工数の削減をしていく必要があります。

デザインプロセスにおける各手法とプロトタイピング

　以上のように、本プロジェクトにおいては当初、ユーザーの抱える課題と価値が見えていない状態でした。そのため、課題と価値を探るため1ヶ月半程度の時間を費やしています。これは、ユーザーである高齢者の状況や持つ課題を我々プロジェクトチームがそこまで理解していなかったため、その理解に時間をかけたほうが、より正確な価値の導出につながり、結果として再度課題と価値を見つけ直すよりも早くなると判断したためです。

　基本的に、プロトタイピングは価値から考えていきます。その価値を見つけるためのアプローチとして、インタビューもあれば、アンケートもあれば、探索的なプロトタイピングもあるのです。それぞれ、手法の名前は異なるとしても、実施することでユーザーの理解を深めて気づきを得て、課題を見つけアイ

ディエーションにつなげ、価値を見つける、という目的のもとでは同じ役割を果たします。そして、価値がある程度見えたらその価値を具体化するようなプロトタイピングを実施していきます。その際には、早く・安く・何度も・並行して行うことが重要です。

5 3 事例3 スタートアップでの実践的な プロトタイピング

→ homeal株式会社

 Feature 事業を前に進めるために協力者を巻き込むダーティーエクスペリエンスプロトタイピングや各種ツールを活用した段階的な開発技法。

　ホーミールは親子で一緒に食べられる幼児食ブランドのスタートアップで、サービス開始後、6ヶ月で10万食販売を達成するなど急成長を続けています。事業としては、幼児食診断やLINE相談から子どもにカスタマイズされた、調理済みの幼児食パックを届けるサブスクサービスを展開。ホーミールでは立ち上げ当初から現在にいたる過程で、数多くのプロトタイピングを実施しています。ここでは、この幼児食スタートアップであるホーミールで実施された実践的なプロトタイピングを紹介します。

「ホーミール」コンセプトビジュアル

専門家を巻き込めた「幼児食をつくってみるダーティーエクスペリエンスプロトタイピング」

　ホーミールのプロトタイピングについて紹介をしていく前に、まずホーミールの創業のきっかけを説明します。代表の鬼海 翔氏のお子さんが1歳になったころ、乳児湿疹にかかってしまいました。それをきっかけにお子さんが口にする食事について安心・安全なものにするために、レシピをもとに幼児食を調理するように。お子さんがつくった幼児食を食べて「おいしい」と微笑んでくれたことから、世の中にどんな種類の幼児食が流通しているかに興味が湧き、調査を実施。その結果、1歳から6歳を対象とした幼児食は取り扱いが少ないことがわかりました。取り扱いが少ない根本的な原因は2つで、1つ目が、工場での製造ロット数がある程度必要なためスタートアップが参入しづらいこと。2つ目が、既存の企業としても流通が少ない幼児食を展開するより、チャーハンや餃子などの確実に売れる商品を販売したほうが利益につながること。この2つの原因があることで、幼児食の取り扱いが少ないという状態を招いていたことがわかりました。これが影響して、幼児食はレトルトのおかゆなどが多く、子どもが喜んで食べるとは思えない食品が多くなってしまっていました。このような状況から、子どもが喜ぶような幼児食を提供することで、ビジネスとしても成立させながら、多くの家庭が困っている幼児食の課題を解決することにつながる可能性が見えてきました。そこで鬼海氏は思いついた幼児食事業の可能性を探るため、最初にプロトタイピングとして、書店で幼児食と名のつく料理本を10、20冊と買って帰り、奥さんに「幼児食サービスとしてあったら嬉しい品はどれか？」を赤ペンで丸をつけてもらい、自宅のキッチンで調理をスタート。

鬼海氏が実際につくった幼児食プロトタイプ

　数多くの幼児食プロトタイプを制作し、その中で手応えのある幼児食プロトタイプがいくつか揃ってきました。このプロトタイプを持って、アイデアの実現可能性を探るために、冷凍食品の専門家である西川剛史氏のウェブサイトの問い合わせフォームからコンタクトを取り、訪問。訪問時に創業のきっかけや課題感や想いを語り、プロトタイプを見せました。この結果、西川氏が共感を抱いてくれて、その場でアドバイザーに就任。小ロットで製造してくれる冷凍工場を紹介してくれたり、管理栄養士の方を紹介してくれたり、プロトタイプについての精度の高いアドバイスをくれるなど、幅広い協力をしてくれることになりました。

▶ プロトタイピングのポイント

　ここで重要なのが「幼児食プロトタイプ」の存在です。このプロトタイプがあったことで、実体験として冷凍食品の専門家である西川氏に課題意識を伝えることができ、巻き込むことにつながりました。西川氏を訪ねた鬼海氏も「こういう課題感・ニーズがあると思う、という提案だけでは話は広がらないし、専門家の方も何をしたら良いかわからなかったはず。プロトタイプがあったことで、本気度も伝わった」と語ります。

　プロトタイピングの役割として重要なのがコミュニケーションです。プロトタイプがあることでより相手に伝わりやすく、行動の内容を伝達することがで

きます。そのため、机上の空論ではなく、実際に熱量を持って行動をしている
ことを伝えることができたのが、専門家である西川氏を巻き込み、事業を前進
させることにつながりました。

「安全性」をケアしたプロトタイピング

　専門家を巻き込むことで、体制面やプロトタイプのクオリティも強化されま
した。次に、現段階のアイデアに価値があるかを調べるプロトタイピングを実
施。具体的には、知り合いつてで声をかけた5家族を対象に、幼児食プロトタ
イプの試食会を行いました。その結果、子どもたちがおいしそうにパクパク食
べてくれて、食の安全やアレルギー対策、栄養バランスなど、心配事が多い親
も笑顔で喜んでくれたことで、価値があることを確信。この試食会のプロトタ
イピングから、現在にいたるまで常に重視しているのが安全性です。ホーミー
ルは幼児食のスタートアップのため、子どもが口に入れる食品を扱います。そ
のため、安全性は必ず遵守すべき根幹の部分になり、製品を第三者に提供する
にあたって、それがプロトタイピングだったとしても安全性を担保することが
必要です。この試食会でもテストキッチンを借りて、管理栄養士のメンバーと
ともに一定の安全性を担保しています。

実施した試食会の様子

　また、次の段階としてある程度の規模で生産を行うために、パートナーとな

る工場を選定する場面でも、安全性は重要なポイントになりました。安全性を担保するために、まずは、鬼海氏自ら「食品衛生責任者」の資格を取得。そこで学んだことを工場の選定でも活用しました。また、勉強してカバーできない経験や実績は、専門家に頼ることでカバー。専門家の西川氏から安全性が担保された工場を紹介してもらい、ある程度のお墨付きをもらったところを中心に選定していったのです。

正確に価値を検証するための「クラウドファンディングプロトタイピング」

　その後数回の試食会を経たあとに、クラウドファンディングで支援者を募りました。クラウドファンディングを利用した目的は、より広範囲を対象にして正確な価値の検証をするためです。「親子で一緒に食べられる 幼児食宅配サービス」が社会にどこまで受け入れられるか、本質的な価値があるのかを試すためにクラウドファンディングを活用したのです。結果として、150名近いサポーターが支援。さらに、支援者の多数が知り合いではなく、クラウドファンディング上でホーミールのサービスを知り支援してくれたサービスは社会に受け入れられるような本質的な価値があると判断。次の動きにつなげていきました。

クラウドファンディングの画面

プロトタイプ EC サイトからスクラッチ開発への段階的進化

　クラウドファンディング達成の次の動きとして、知り合いやクラウドファンディング支援者だけではない方々にホーミールの商品を販売していくことに。ただ、商品を販売するためにはウェブ上で購入できる EC サイトが必要です。EC サイトを一からスクラッチで開発しようとすると、規模や仕様にもよりますが、数百万円からの予算が必要になってしまいます。

　そこで、ノーコードで EC サイトを構築することができるプラットフォームである BASE を用いて、鬼海氏が自らノーコードで EC サイトを構築。実際に商品が購入できる環境を素早く用意しました。そして、その EC サイトで半年間強の間運営を行い、ある程度のユーザーもついてきたところで、さらにサービスをリッチにするために、どのような幼児食を買えば良いのか迷っているユーザー向けの「LINE での幼児食相談機能」などを考案。ただ、これらの機能は BASE では実装することができませんでした。そこで、少し専門性が必要なものの、ノーコードで EC サイトを構築できて拡張性が優れているプラットフォームの Shopify（https://www.shopify.com/jp）に移行。Shopify で構築した EC サイトに新機能を実装し、サービスをリッチにしていきました。現在では、さらに次のステップとして、アプリでの購入を増やしデータを活用するため、改めてスクラッチで EC サイトやアプリを開発しようと進めています。

▶ プロトタイピングのポイント

　この、早く・安く実行できる EC サイトプラットフォームを状況に合わせて選択し、少しずつユーザーからのニーズを見極めながら進めていくアプローチは非常に優れています。理由として、EC サイトをスクラッチでつくろうとしてしまうと、かなりの投資になります。そのため、まだどの程度ユーザーがいるか、注文があるかわからない初期段階では、もっとも早く・安い方法として、BASE で対応し、ユーザーの反応を見ながら必要とされる機能を検討。ユーザーがある程度ついてきたら検討した内容を踏まえて、新機能を追加するために BASE よりも工数はかかるものの、スクラッチで開発するより圧倒的に早く・安い Shopify で対応。そして、最終的にスクラッチで開発していきます。このスクラッチでの開発も、Shopify で構築している EC サイトがあり、ユーザーからの要望には対応できることがわかっており、既存の EC サイト自体が仕様

書として機能するため、スクラッチ開発の不確実性も下げることができます。もし、最初からスクラッチでつくっていたら、開発期間でユーザーを逃してしまう可能性や、当初想定していた仕様がユーザーに求められなかった場合に、調整する場合の開発工数などがかかってしまい、事業としてここまで成長することはできなかったのではないでしょうか。

このように、幼児食スタートアップであるホーミールが実践したプロトタイピングからは、多くの学びを得ることができます。

5 4 事例4 顧客の課題の解像度を少しずつ上げるプロトタイピング

> 株式会社ネクスウェイ

 Feature 企業内でのB to B新規事業における、顧客の信頼度と期待度を向上させながら巻き込んでいくプロトタイピング。

株式会社ネクスウェイは、FAXの送受信や帳票発行業務をはじめとする企業間商取引において業務効率化を支援する企業です。ネクスウェイの新規事業が本事例で扱う「トッツゴー」です。トッツゴーは、製造業、卸売業、小売業のバリューチェーンにおける買掛業務を改善するソリューション。独自のAI OCRやデータ同士の自動突合の技術を用いることで買掛業務の課題を解決します。解決した課題は、自社で支払うと想定していた金額と請求された金額の差異を特定する突合作業の業務負荷の改善です。筆者は、本事業がリリースされるまでプロトタイピングのメンタリングを実施。本事例では、事業をリードする株式会社ネクスウェイの須藤 孝宏氏へのインタビューを通して把握した、トッツゴーのプロトタイピングを紹介します。

プロトタイプの忠実度を高めながら、課題の解像度も上げていく

アイデア段階のトッツゴーを事業化していくうえで重要だったのが、顧客の課題の特定です。課題の仮説はいくつかあったものの、特にどの課題の解決が顧客に価値があるかが明確ではありませんでした。そこで、チームがとったアプローチは、プロトタイプの忠実度を少しずつ高めながら、課題の解像度を上げていく方法でした。具体的には、解決するべき課題がまだ明確ではない段階で、アイデアをチラシにして顧客に持っていきました。そして、想定している課題とその解決策を説明し、課題の有無をヒアリング。その中で、顧客の発言や表情などの反応をフィードバックとして取得しました。それらを持ち帰り、再度課題と解決策を検討してチラシに反映。そして、アップデートしたチラシを顧客のところに持っていくのです。

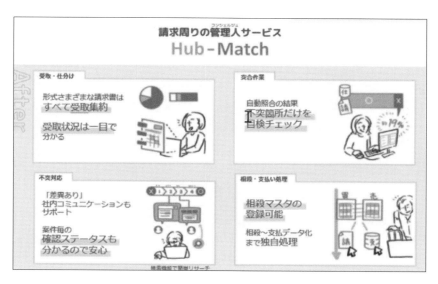

実際のチラシ。「Hub-Match」は「トッツゴー」に変更前の名称

そして、課題の解像度が上がったら、ペーパープロトタイプを提示し、再度すり合わせを実施。それにより、さらに課題の解像度を高める。そして、次にプロトタイピングツールのAdobe XDを用いた画面遷移プロトタイプを提示し、機能や操作感をすり合わせる。そこでもフィードバックを受け調整を重ね、ノー

コードツールのBubbleを用いて、コアとなる機能のみ動作するプロトタイプを作成。それを実際の業務に近い環境で使用してもらいフィードバックを受け、さらに改善していくことで顧客の課題の解像度を最大限まで高める。そして、最終的にスクラッチで開発をするというプロセスです。このように、必要最低限の忠実度のプロトタイプを顧客に提示しながら、課題の解像度を少しずつ高めていきました。

左がAdobe XDを用いたプロトタイプ、右がBubbleを用いたプロトタイプ

　以上のプロトタイプの忠実度を上げながら課題の解像度を上げていくプロセスは、時間がかかってしまうように思えるかもしれません。ただ、アイデアにもよりますが、ペーパープロトタイプであれば30分〜2時間、遷移がわかるものであれば1〜5時間程度で制作することができるので、そこまで時間は取られません。いきなり顧客の課題の解像度が粗い、つまりニーズがあるかわからないものをつくってしまい、つくり直すほうがよほど時間はかかってしまうでしょう。そのため、本アプローチは非常に効率が良いのです。

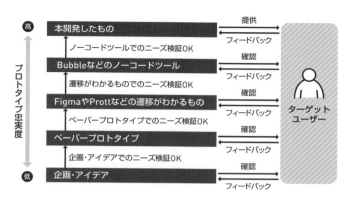

プロトタイプの忠実度を上げていくイメージ。
ターゲットユーザーにプロトタイプを提示しながら少しずつ忠実度を上げていく

PoC予算を獲得することにつながった、コミュニケーションツールとしてのプロトタイピング

　また、須藤氏のチームは上記のプロセスを同時に6社に実施しました。毎月検証する内容を決めて、1週間に6社アポを入れ、6社に対して同じプロトタイプ、同じインタビュー項目を持ってインタビューを繰り返しました。そして、フィードバックを踏まえてプロトタイプを修正、翌月にまたプロトタイプを持ってヒアリング、というプロセスを半年間繰り返したのです。そしてこの結果、6社のうち4社がPoCのための予算を確保してくれました。顧客がPoC予算を確保してくれた理由は、大きく分けて2つあります。ひとつが、プロトタイピングプロセスを通して、顧客の課題が明確に特定でき、それに対して価値があるソリューションを提示できていたことです。そしてもうひとつが、顧客との関係性が非常に良好であったことです。この顧客との関係性にも、プロトタイピングプロセスが大きく寄与しています。というのも、プロトタイプを提示していく中で、顧客側も自分たちの課題が整理され、少しずつ改善されていくところを目の当たりにしていました。それにより、トッツゴーに対する期待と信頼度が上がっていったのです。このプロトタイプを提示して修正して、という繰り返しのプロセスが、深いコミュニケーションを誘発して顧客との関係性の向上につながる結果になりました。

　須藤氏は、プロトタイプを通したコミュニケーションで重要なのは「プロト

タイプで過剰な情報を提示すること」だと述べます。というのも、顧客が言語化している課題に対して解決策を提示すると、その解決策により課題が解決できたか、できなかったかで終わりになってしまいます。それでは、顧客が想定している課題以上のものを特定することはできません。そうではなく、相手も言語化できていない潜在的な課題を引き出すために、わざと言われている以上のものや、言われていない範囲の情報をプロトタイプに入れ込んでおく。例えば、つくったプロトタイプの中に、顧客からの要望にはない機能を追加して持っていく。そしてその機能について会話をして、顧客の言語化されていない考えを引き出し、重要な課題を特定していくのです。このようなアプローチは、ノーコードで実装する段階などになると、過剰な機能を実装するコストがかかりすぎてしまうので、できるだけ早い段階で実施することが必要です。

　このように、トッツゴーの少しずつプロトタイプの忠実度を高めながら課題の解像度を高め、その中でプロトタイプを通して顧客とコミュニケーションをとり、関係性をつくっていくプロセスは、さまざまな新規事業の分野で活用できるのではないでしょうか。

5　5　事例5　早期にステークホルダーを巻き込むプロトタイピング

> 一般社団法人 PLAYERS

 IoTデバイスの開発で実施されたプロトタイピングの分析を通した、効率の良いプロトタイピングの明確化。

　一般社団法人PLAYERSはさまざまな社会的な課題を解決へ導くことを目的としたコ・クリエーションチームです。PLAYERSが企画・開発した「スマート・マタニティマーク」は、立っているのがつらい妊婦と、周囲の席をゆずる意思のある人をマッチングするIoTデバイスです。このデバイスは、Google主催のプロジェクト「Android Experiments OBJECT」でアイデアがグランプリを受賞したことをきっかけに開発がスタートし、2016年6月から2017年の3月にかけて開発されました。筆者は、創業メンバーへのインタビューと、このプロジェクトを進める中でのチャットコミュニケーションツールSlackでの6339件のメッセージ、2GB分の画像データ、292ページのドキュメントなどから実施したプロトタイピングをまとめ、27回実施されたプロトタイピングを分析。その結果、本プロジェクトにおいて外部のステークホルダーを早い段階で巻き込むプロトタイピングがもっとも「効率が良かった」ことを示しました。効率が良かった結果となった、外部のステークホルダーを早い段階で巻き込むプロトタイピングについて見ていきます。

「スマート・マタニティマーク」プロダクト

分析による「効率が良いプロトタイピング」の明確化

最初に、27回のプロトタイピングを分析した内容について紹介します。

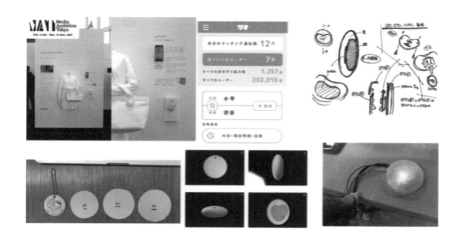

実施されたプロトタイピングの一部

　実施されたプロトタイピングそれぞれについて、かかった時間を示す「所要時間」と、プロトタイピングを実施することで価値がある情報が得られたかを示す「デザイン情報」という2つの評価指標を設けて、PLAYERSメンバー3名が評価しました。その評価結果で散布図を作成。分析を行い「効率が良いプロ

トタイピング」と「効率が悪いプロトタイピング」の傾向をつかみました（ここではわかりやすさを優先するため「効率」という言葉を用いていますが正確には「経済性」です。詳細に興味がある方は［深掘りMEMO］をご参照ください）。

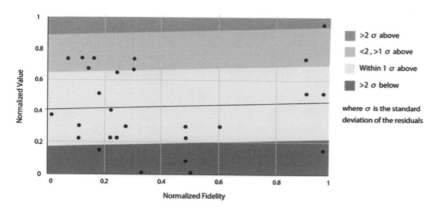

所要時間とデザイン情報による散布図。配置された黒点がそれぞれのプロトタイピング

　詳細は割愛しますが、散布図の上部の領域が効率が良いプロトタイピングで、下部の領域が効率が悪いプロトタイピングです。例えば、もっとも下部に配置されている領域内のプロトタイピングは、プロトタイピングに非常に時間がかかり、その割に得られたデザイン情報に価値がありませんでした。そのため、効率が悪いプロトタイピングです。このように、27回のプロトタイピングそれぞれについて効率が良いのか、悪いのかを示しました。

　また、どのようなプロトタイピングの効率が良いのか・悪いのかの傾向を把握するために、プロトタイピングごとに「チーム内のみで実施／チームの外も巻き込み実施」の軸で分類。さらに、プロトタイピングを行う目的として「探索・具体化／確認」の軸で分類。この2軸を用いて、27のプロトタイピングを4つの象限に分け、それぞれの象限ごとにプロトタイピングの効率の傾向を見ていきました。

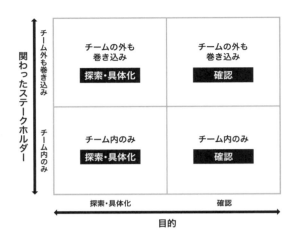

分類で用いたプロトタイピングカテゴリ

その結果「チームの外も巻き込み」「探索・具体化」プロトタイピングの効率がもっとも良いことが示されました。つまり、チームの外のステークホルダーも含めてプロトタイピングを実施し、価値がそこまでクリアでない早い段階で実施されたプロトタイピングが効率的とされたのです。

例えば、「フューチャーセッションプロトタイピング」では外部のステークホルダーと、コピーやイラストを用いて、プロダクトのビジョンのプロトタイプをつくりました。このプロトタイピングによりプロダクトの進む方向性のビジョンが具体化されたことと、外部のステークホルダーが高いモチベーションで関わるようになり、多様なフィードバックやリソースを提供してくれ、かつ短い時間で実施することができたため、効率が良い結果となりました。

フューチャーセッションプロトタイピング

　このように、チームの外も巻き込み、かつ探索・具体化するプロトタイピングが効率的である理由を探っていきます。

「余白」があることで、外部のステークホルダーが関わりたくなる

　PLAYERSが早い段階でチーム外のステークホルダーを巻き込んでビジョンをつくるプロトタイピングを実施した背景には、チームの中だけでできることへの限界を感じていたことがありました。そのため、PLAYERSの立ち上げメンバーであるタキザワ ケイタ氏と池之上 智子氏は、まだスマート・マタニティマークのコンセプトが固まりきっていない段階で、フューチャーセッションプロトタイピングを実施したのです。そこで妊婦が安心して子どもを産める社会になるための、マタニティマークのあり方として、参加者の方から出てきたのが「やさしさの見える化」というコンセプトのプロトタイプでした。このプロトタイプは参加者およびPLAYERSチームの高い共感を集めました。こうして、チームの外のステークホルダーと一緒にビジョンをクイックに言語化したことがプロトタイピングに参加した人の能動的かつ継続的なスマート・マタニティマークへの関わりを生みました。例えば、参加した鉄道会社の方は、自社内で交渉し、スマート・マタニティマークの実証実験のフィールドを提供してくれるとともに、チームのオブザーバー的に関わってくれることに。さらに、参加者の広告クリエーターの方は、スマート・マタニティマークのプロモーション

映像を制作してくれました。これらは、参加者の方々が自ら主体的につくったコンセプトのプロトタイプに強く共感し、スマート・マタニティマークを自分事化した結果です。つまり、プロトタイピングにおけるコミュニケーションが非常に強く作用したと考えられます。

　このように、なかなかコンセプトが固まっていないような完成度が低い状態で、外部のステークホルダーを巻き込むことは躊躇してしまうのではないでしょうか。迷惑をかけたらどうしよう、一回声をかけたら二回目以降声かけづらいからしっかりまとまってからにしよう。など、完成度が低い状態で外部のステークホルダーを巻き込まない理由はいくらでもあります。そこをあえて完成度が低い状態で提示することで、巻き込まれた外部のステークホルダーはそこに自分が関わる余白を感じ、一緒にプロトタイピングをする中で当事者意識が芽生えていくのです。完成しきっていないからこそ、深く関わることができて、一緒につくりあげていく感覚が湧いてくる。完成度が低い余白がある状態だからこその価値があります。

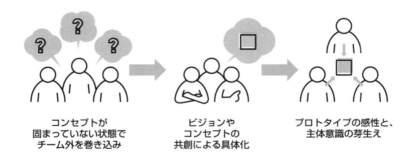

コンセプトが
固まっていない状態で
チーム外を巻き込み

ビジョンや
コンセプトの
共創による具体化

プロトタイプの感性と、
主体意識の芽生え

　PLAYERSと筆者はこの一連のプロトタイピングプロセスを「余白のプロトタイピング」と呼んでいます。余白がある状態で外部のステークホルダーを巻き込んでプロトタイピングすることで、ステークホルダーの当事者意識を喚起してプロジェクトに関わりたくなってもらうのです。

　PLAYERSはスマート・マタニティマークの開発以降も、さまざまなプロジェクトにおいて、余白のプロトタイピングのアプローチを活用しています。例えば、&HAND（アンドハンド）という、障害者など外出時に手助けを必要とする人と、周囲の手助けをしたい人をBluetoothの信号を使った技術や端末であるBeaconとLINEでマッチングするプロダクトの開発時でも、早い段階で外

部のステークホルダーを巻き込みながらプロトタイピングを重ねました。

　例えば、高齢者の空港の利用について課題を感じる航空会社とともに、ビジョンをプロトタイピングするワークショップを開催。このワークショップにより、航空会社の担当者が、＆HANDと自社との連携の可能性を自分の言葉で社内に語ることで、プロジェクトが進みやすくなりました。これも、ビジョンをチーム外のステークホルダーと一緒につくることで、チーム外の参加者の当事者意識が向上した例でしょう。

　また、ここで紹介したスマート・マタニティマークや＆HANDなどは社会性が高いプロジェクトです。だからこそ巻き込みやすいという点は指摘できます。この点について、タキザワ氏は社会性が高いと巻き込みやすいという前提はあるうえで、社会性が高いプロジェクト以外でも外部のステークホルダーを巻き込む方法はあると語ります。

　「共感性が高いポイントを見つけて、そこを起点に外部のステークホルダーを巻き込むことができる。例えば、技術に対して熱い想いを持っている開発者の方などがいれば、想いを起点にしていく」

　検討しているアイデアの中で、共感性が高いポイントはどこかを考え、そこを起点にして外部のステークホルダーを早い段階で巻き込んでいくプロトタイピングのアプローチは、参考になるのではないでしょうか。

　2019年に、シンガポールを拠点に活動するEdward Tiong氏とSUTD-MIT International Design Centre（シンガポール工科大学とマサチューセッツ工科大学の連携プログラム）による研究チームが「プロトタイピングの経済性」という概念を提示しました[1]。彼らは、フィンテックのB2Cプロジェクトで実施された50を超えるプロトタイピングを「費やされた時間」と「得られたデザイン情報の価値」という観点から分析し、どのようなプロトタイピングがもっとも経済的なのかを示したのです。また、彼らのプロトタイピングの経済性の正確な定義としては「必要な情報を提供するのに十分なプロトタイプを構築するために、迅速かつ安価な方法を使用して、効果的なプロトタイプを作成するためのもっとも費用のかからない方法を選択すること」です。そして、上記のB2Cプロジェクトをプロトタイピングの経済性の観点で分析した結果、以下のような結論を出しています。

▧ 低忠実度プロトタイプで、中心となるコンセプトを検証する

　開発の初期段階において、未知のデザイン領域を素早く探索することで可能性がある領域を見つけ、前進する感覚を持つことができます。そのため、低忠実度プロトタイプは経済的です。

▧ 高忠実度プロトタイプで、詳細な機能やサブシステムを検証する

　ある程度コンセプトが固まった開発プロセスの中期〜後期段階では、忠実度が高いプロトタイプで詳細な機能やサブシステムを検証することが経済的です。

▧ 高忠実度のプロトタイプでは、明確に目的を持つ

　忠実度の高いプロトタイプをつくるためには多くの時間やお金などのリソースが必要になります。そのため、どのような仮説を検証するためのものなのかなど、目的をしっかりと持って実施することが重要です。

▧ 物理的なプロトタイプを他のメディアで補強する

　物理的なプロトタイプに動画やスライドなどの他のメディアを追加することで、プロトタイピングの経済性を上げることができます。

　この経済的なプロトタイピングは2019年に提示されたばかりであり、今後の研究が期待されている領域でもあります。

[1]:　E. Tiong, O. Seow, B.A. Camburn, K. Teo, A. Silva, K.Wood, D.D. Jensen, M.C. Yang, The economies and dimensionality of design prototyping: value, time, cost, and fidelity, Journal of Mechanical Design(2019), 141.3.

事例6　**体験によりエクストリーム
ユーザーになるプロトタイピング**

> veernca 合同会社

 Feature　プロトタイピングの場としての展示会と、システム連携ノーコードツールの活用法

　veernca 合同会社は、障害の有無を超えたメンバーで立ち上げた企業で、新しい働き方をデザインすることを目的としており、筆者も立ち上げメンバーとして加わっています。veerncaは、障害のある人とない人が共感を得ながら共創型の対話を行うことで、新しい価値を生み出すデザインプロセスである「Valuable Design（バリュアブルデザイン）」プロセスを提示しています。

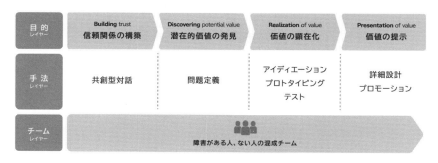

バリュアブルデザインプロセス

　このデザインプロセスを用いて創出した2つのアイデアを、世界最大規模のテクノロジー＆カルチャーの祭典SXSW2021（サウス・バイ・サウスウエスト）に出展しました。ここでは、この2つのアイデアを創出する際に活用したプロトタイピングについて見ていきます。

想像を楽しむための日常音のSNS「heart」

　1つ目のアイデアは、想像を楽しむための日常音のSNS「heart」です。veerncaのメンバーで「情報」をテーマに対話をしました。その際、生活の中で聞こえてくる音に特化したSNSがあれば、みんなで楽しめるSNSになるのではないかというアイデアが生まれました。

heartのプロトタイピング

　このアイデアに本当に価値があるのかを確認するため、すぐにプロトタイピングをしました。それが、メンバーそれぞれが自分の生活で聞こえて気になった音を録音し、タイトル付きでFacebookのメッセンジャーグループに投稿する生活を1週間送るというプロトタイピングでした。メンバーから投稿された音は、多様なものでした。例えば、包丁がまな板を叩く音、出勤の足音、駅のホームのジングル、職場での打ち合わせらしき音、帰りがけに寄ったスーパーの店内音。さらには、Netflixの起動音まで。

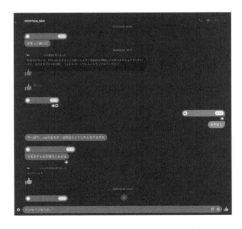

ダーティーエクスペリエンスプロトタイピングとして投稿していた
Facebookメッセンジャーの画面

　この1週間、音を投稿してみるプロトタイピングを通して得られた体験についてメンバーでディスカッションを行い、さまざまな感想が共有されました。

「音だけにフォーカスを当てると全然何かわからない」「店員さんとのほっとするやり取りで癒された」「生活感が出すぎてちょっと投稿しづらかった」など、さまざまです。その中から、チームメンバーとして重要だと感じた気づきが「音だけが伝わってくることで、相手が音を聞いている環境や生活のことをつい想像してしまう」というものでした。

極端な例かもしれませんが、何かを包丁らしきもので切っている音がしたとします。その音は、レストランの厨房で食材を切っている音かもしれないし、アパートで恋人のために朝ごはんをつくっている音かもしれません。音から広がる可能性を、つい想像してしまうのです。この気づきを活用して「想像を楽しむための日常音のSNS」というコンセプトを固め、ノーコードツール「Bubble」を用いたプロトタイピングを行っていきました。

heartイメージ

部屋にモノを配置する感覚で情報を管理するツール「moom」

2つ目のコンセプトは、仮想のメモ空間で、部屋にモノを配置する感覚で情報を管理するツールmoomです。veerncaのメンバーで「情報の扱い方」をベースに対話を重ねた際に「メモをして、あとで見返すためにメモ管理アプリに入れておくが、あまり見直さない」「ポストイットにバーっと貼り出し、整理を行う」などの発言が見られました。また、視覚障害のあるメンバーから「基本的に情報をメモして残さないため、頭の中に擬似的な部屋をつくり、モノを配置するように記憶している」という発言があり、その情報の扱い方の差分を活かした

アイデアとして、仮想の部屋のような空間で、さまざまな情報を配置して管理することができる部屋のようなツールというアイデアが生まれました。

moomのプロトタイピング

このアイデアを思いついた際、情報を自分の周りに配置することで想定している価値が得られるかを試すためにプロトタイピングを実施。まず、扱う情報の例を「名言」とし、veerncaのメンバーで名言について評価をし、その評価内容に応じて3D CAD上の空間をつくりました。具体的には、veerncaの各メンバーに劇作家・詩人のシェイクスピア、シュルレアリスムのアーティストのアンドレ・ブルトンなどさまざまな人物の10種類の名言について「どのくらい覚えたいか」「共感するか」などの項目でアンケートフォームをつくり、回答してもらいました。

そして、その結果を集計し、CAD上で人を中心とした360度の空間をつくり、メンバーそれぞれの入力してもらった名言をメンバーごとに、覚えたい名言は前方に、覚えたくない名言は後方に配置。共感する名言は近くに、共感しない名言は遠くに配置していきました。

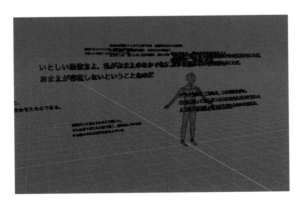

CADでのプロトタイプ。3DCGソフトウェアBlenderでメンバー6人分の名言の配置を
3D空間で作成し、比較を実施

その結果、メンバーそれぞれ名言の配置がまったく異なり、名言の配置からそれぞれの価値観も読み取れ、まるで相手の頭の中を覗くような感覚がありま

した。それは例えると、友人の部屋に初めて遊びに行ったときの感覚に近いものでした。このプロトタイピングから得た気づきをベースに「部屋にモノを配置する感覚で情報を管理する」というコンセプトのもと、ARを扱うことができるノーコードプロトタイプツールを活用しながらコンセプトのブラッシュアップを進めていきました。

moomイメージ。自分の周辺に配置した情報にアクセスすることができる

エクストリームユーザーになることで気づきと自信を得る

これらのheartやmoomの体験するプロトタイピングを行うことで、やってみなければ得ることができない気づきを得ることができました。特にheartの1週間の音声SNS体験について言えるのですが、これは、リサーチの文脈で用いられる「エクストリームユーザーインタビュー」に近い効果があると考えています。エクストリームユーザーとは、平均的なユーザー像ではなく、極端な行動パターンや嗜好を持つユーザーを指します。例えば、新しい掃除機を開発するプロジェクトを行っている場合、50万円を超える掃除機を家の掃除用として用いていたり、1日平均5回掃除機をかけるなど、極端なユーザーを探してインタビューをするのです。このような極端なユーザーに話を聞くことで、普通のユーザーからは得られないような気づきを得て、アイデアを深掘りしていくことにつながるため、新規事業の立ち上げ時などで用いられます。

ただ、このエクストリームユーザーを探し出すのが大変です。自分たちで探そうとするとなかなか見つからなくて時間が取られますし、外部のリサーチ専門会社に依頼すると、通常の価格の2〜3倍かかってしまうことがあります。

　だからこそ、今回のようにアイデアを体験することで、自分が極端なユーザーとして気づきを獲得することが有効になります。今回のケースで言うと、音声だけでSNSを活用している人を探すのではなく、自分たちで体験してみるアプローチを取りました。これにより体験しないと得られない気づきを獲得したのです。

COLUMN システム連携ノーコードツールを用いたプロトタイピングの実践

　heartとmoomではノーコードツールを用いたプロトタイプをつくり、展示会に出展しました。veerncaのメンバーでもあり、ノーコードツールの選定や開発などのエンジニアリング部分を担当した、ノーコードコンサルタント/合同会社sowacana代表の安藤氏に、ノーコードツールを用いたプロトタイピングについて、話を聞きました。

moom：新規性が高いアイデアでのノーコードツールの選定と難しさ

　「moomは自分の周りの仮想空間にさまざまな情報を配置して、それにアクセスすることができるという新規性が高いアイデアでした。そこで、まずどのようなテクノロジーを用いたらそのアイデアが実装できるかを考え、3Dモデリング、VR、360度カメラなどで検討を進めました。ただ、いずれもアイデアをうまく再現することができず、まだ試していなかったARのアプローチを検討してみた結果、ある程度プロトタイプとして実装できそうな可能性が感じられたので、スクラッチで開発するのではなくノーコードでつくれるようなツールを探していきました。その結果、2つのノーコードツールが候補として考えられたのです。そのうちのひとつが、Minsar（https://www.minsar.app/）でした。MinsarはフランスのARに特化したノーコードツールで非常に情報が少なく、開発する中でも疑問点が多々発生し、ツールの開発元に問い合わせをしながら、プロトタイプを作成。展示会の会期ギリギリまで調整を続け、なんとかプロトタイプを展示することができました」

　「このプロトタイプを作成する中で大変だったのは、先に述べたツールの選定と開発元とのやり取りと、新規性が高いがゆえの仕様の認識すり合わせです。今までにないタイプのアイデアだったので、イメージがずれてしまいがちで。突破口となったのはコンセプトプロトタイプとしてつくったアイデアを説明した2分程度の動画で、この動画ができて、かなりメンバーの認識もすり合い、ひとつになったことを実感して

います」

heart：Bubbleの汎用性の高さと音声データの端末依存

「heartは想像を楽しむための日常音の投稿・共有SNSというコンセプトでしたが、必要な機能は「音声を録音して、再生できるようにする」と比較的シンプルでした。そこで、モバイルアプリをノーコードで使えるツールである、Thunkable（https://thunkable.com/）とAppGyver（https://www.appgyver.com/）を用いてプロトタイプを実装してみることにしました。ただ、実装してみるとデザインチームがつくってくれたUIデザインがうまく再現できないことがわかりました。そこで、使用するツールを切り替え、「Bubble」を使うことに。BubbleはThunkableとAppGyverと同様にモバイルアプリをノーコードで実装できるツールなのですが、さまざまな機能を実装できる汎用性と、個別にカスタマイズできる柔軟性が特徴です。Bubbleで実装したところUIデザインもうまく再現でき、展示会に向けて準備を進めていきました。ただ、展示会の会期の直前で、iOSのChromeでだけうまく動作がされない不具合が発見され、最後にかなりバタバタしました。音声データを扱う場合は、端末により環境が異なるため、このような不具合が発生することが多く、注意が必要です」

 Experience Prototypingの研究上の発展

Chapter 1.2の深掘りMEMOで論文「Experience Prototyping」を紹介しました。この論文のインパクトは大きく、2022年2月現在のGoogle Scholarにおける被引用回数は1686回とかなりの数値を記録しています。理由としては、プロトタイピングの研究において「ものをつくらない組み合わせによるプロトタイピング」と「プロトタイピングにおけるコミュニケーションの重要性」という概念を提示したからだと想定されます。特に、後者のコミュニケーションの重要性はインパクトが大きく、のちにさまざまな研究が追随されるようになりました。ここではその中のひとつ「コラボレーティブプロトタイピング」における、アイントホーフェン工科大学のMarcel Bogers教授らによる研究の一部を紹介します[1]。

2009年と2010年にそれぞれ、Bogers教授らがコンサルタントとして参加したプロジェクトにおいて実施したプロトタイピングや関連するデータを収集し、関係者へインタビューを行うことで分析しました。その結果、プロトタイピングのプロセスは設計から構築、分析を何度も前後しながら繰り返していることを指摘しました。具体的には、あるアイコンを光らせることを設計していたとしても、それを構築する中で、どのくらいの頻度で、どのくらいの強さで光らせるかは設計段階で決めていなかった

ため、その場で設計する必要がある。この場合、構築をしているときに設計に戻り、再び構築するというプロセスになります。そして、その短いサイクルで生み出されたプロトタイプが、チーム内外のさまざまなステークホルダーを巻き込む効果を果たしていたことを示したのです。

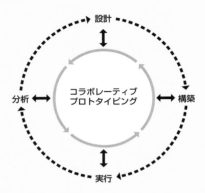

コラボレーティブプロトタイピングを用いたプロセスの概念

　このようにさまざまな段階で多様なステークホルダーが関わることで、それぞれが自分の知識を共有し、それが即座にプロトタイプに反映される。そのような循環が発生することで、効果的に新しいものを生み出せることを指摘しました。さらに、このさまざまなステークホルダーを巻き込むのは、多様な領域や部署をマネジメントできるマネージャー的な役割の人が適しているとしています。

*1: M. Bogers, W.Horst, Collaborative prototyping: Cross‐fertilization of knowledge in prototype‐driven problem solving. Journal of Product Innovation Management , 31.4 (2014), 744-764.

企業内アクセラレーターが
持つべきプロトタイピングスキル

→ キヤノンマーケティングジャパン株式会社

 Feature 企業内でプロトタイピングが実行されるプロトタイピングカルチャーと、
企業内アクセラレーターとして持つべきスキル

　キヤノンマーケティングジャパン株式会社で新規事業の創出に取り組む、オープンイノベーション推進室。オープンイノベーション推進室では、新価値創造のための仕組みづくり、自走をミッションとしています。具体的施策のひとつとして、社員の持つ強い課題意識から事業創出を目指すプログラム「Canon i Program」を実施。これは、キヤノンマーケティングジャパングループ各社から公募で集まった社員が、類似の課題感を持つ社員同士でチームを組み、審査通過チームは事業化に向けて取り組んでいくものです。事業化をよりスムースかつ確かなものとするために、オープンイノベーション推進室にはアクセラレーターと言われる、チームの課題感を言語化し、仮説立案から事業化までのプロセスに伴走するメンバーが存在しています。アクセラレーターになるためには1年程度のトレーニングが必要で、さらに自らも事業構築を実践し、経験していることが条件になっています。筆者は、株式会社bridgeとともにオープンイノベーション推進室のアクセラレーターを対象とした、事業化検討中のアイデアを例にしたプロトタイピングシートなどを活用したプロトタイピングの伴走型研修を担当。伴走型研修の内容を事例にしながら、アクセラレーターチームとして持つべきプロトタイピングスキルなどについて見ていきます。

アクセラレーターに必要なのは「プロトタイピングする内容を整理し、アクションまで落とす」こと

　オープンイノベーション推進室のアクセラレーターは、一人で複数の社内新規事業アイデアを事業化するための伴走を担当します。そのため、さまざまな

起案者の新規事業構築プロセスに向き合いますが、起案者はアイデアの検証方法がわからないことが多い傾向があります。例えば、システムエンジニア出身の起案者であれば、アイデアの検証方法がわからずに、結果としてユーザーの価値があまり見えていない段階ですぐにプログラミングをしてしまう。ただ、プログラミングをした結果、ユーザーにとって価値がないことがわかる。そのような問題の発生を未然に防ぎ、悩みを解決するためにアクセラレーターとして持っておくべきプロトタイピングスキルを、アクセラレーターの米元氏はこのように語ります。

「アクセラレーターは自分で絵をかけなくてもいいし、デザインもできなくていい。それよりも、アイデアをできるだけ早くプロトタイピングをするために『このタイミングでこれを検証し、このアクションをする』というところを整理して提示する。特に、アクションの部分まで落として次に行う行動が見えるようにすることが重要」

　つまり、アクセラレーターは実際に自分でデザインやコーディングをして完成度が高いプロトタイプをつくるスキルは必要なく、アイデアをいつ、どのように検証するかをクリアにするためのプロトタイピング戦略をしっかりと描くことが求められるのです。

　具体的な例で説明すると、ある起案者のチームが「個人ごとのパターンを分析して持病を解決するアイデア」を検討していました。そのアイデアをどう検証していくかを悩んでいる起案者チームに対して、筆者はLINEを用いたダーティーエクスペリエンスプロトタイピングを提案。これはチームのアイデアをモニターに1週間試してもらうというものです。具体的なアクションも併せて提示したことで、起案者チームもスムースにプロトタイピングを実施し、アイデアの検証を行うことができました。さらに、ユーザーからよりリアルな反応ももらえ、チームのモチベーションが向上。ダーティーエクスペリエンスプロトタイピングを通じてサービスを擬似的に利用したユーザーも、アイデアを自分事化することにつながり、事業化に引き続き協力してくれるようになり、チームの外のステークホルダーを巻き込むことにもつながりました。

アクセラレーターチームに必要なスキル「プロトタイピングの引き出しと出し方」を実践で培う

　また、アクセラレーターに必要なプロトタイピングスキルとして「引き出しの多さと出し方」が重要であるとアクセラレーターの安藤氏は語ります。

　「どんな時にどのプロトタイプを使うのが適切か判断できるよう、多様なプロトタイプを知り、その出し方も習得しておく必要がある。どの場合でもFigmaを使う、といったように一つの手段を使いまわすのではなく、適切に選んで効果を出していくために、まずはさまざまなプロトタイプについて自分で体験しながら学ぶことが大切」

　プロトタイプをつくるための手段はFigmaなどのワイヤーフレームツール、紙や段ボールを使った工作など、本書のChapter 3.4で紹介したように、複数存在します。ただ、それらを使い、プロトタイピングをする方法は無数にあります。そして、アイデアの特徴に応じて最適な方法を選択することが、より豊かな学習やコミュニケーション、意志決定の効果を生みます。だからこそ、ワンパターンのプロトタイピングではなく、自分自身で経験しながら多様な方法を選び取れるようにしておくことが重要なのです。

　こちらも具体的な例で説明します。ある起案者チームが「特定の食事制限がある方向けの飲食店紹介サービス」を検討していました。そのアイデアをどのように検証していくか悩んでいるチームに対して、筆者はGoogleマップのマイマップ機能を用いて、ある駅周辺の特別な対応をしている店のリストを手作業で登録を行い、食事制限がある方向けの飲食店サービスを体験する方法を提案。このように、Figmaでつくるよりも時間の短縮や、より正確な体験の検証ができる可能性があれば、Googleマップという既存のものを活用することで効率的なプロトタイピングが実施できるのです。

組織のあちこちでプロトタイピングが自然と実行される「プロトタイピングカルチャー」をつくるために

　アクセラレーターが組織内に存在すると、プロトタイピングを効率的に行う

ことができ、新規事業の成功確率を向上させることが可能です。そして、この
アクセラレーターの持つスキルやマインドセットを、アクセラレーターだけに
とどめずに、組織全体に浸透させることができれば、さらに効率的に新規事業
を成功させていくことが可能になります。細かくは［深掘り MEMO］で説明
しますが、そのような「プロトタイピングが自然と実施される」状態が、良い
プロトタイピングカルチャーがある状態です。

　ただ、Chapter 2.2で紹介したように、プロトタイピングをするうえではマ
インドセットが大きな影響を与えるため、プロトタイピングに必要なスキルを
組織のメンバーに研修したとしても、研修の受講者が自主的にプロトタイピン
グを実行する習慣がつくわけではありません。そのため、カルチャーとして自
然とプロトタイピングをしたくなるようなマインドセットと仕組みを構築する
ことで、自発的にプロトタイピングが高い頻度で実行されることに近づけてい
くのです。

 プロトタイピングカルチャー

　ロンドンのビジネススクール、インペリアル・カレッジ・ビジネス・スクールの客
員研究員であるMichael Schrage 氏は「Cultures of Prototyping」という論文の中で、
プロトタイピングカルチャーの重要性と、プロトタイピングカルチャーを組織に根付
かせるための方法を提案しています[*1]。彼は「組織がイノベーションを起こすとき、
必ずカルチャーが重要になる。そして、イノベーションの文化には仕様主導型のカル
チャーとプロトタイピング主導型のカルチャーがある」と述べます。そして、新規事
業をつくることは、仕様主導型の、予測可能性と管理性が不可欠であると教育された
組織にとっては異質なものであることを指摘します。そして、プロトタイピングカル
チャーの重要性と、プロトタイピングカルチャーを組織に根付かせるための方法を紹
介しています。プロトタイピングカルチャーを組織に根付かせる方法を、以下に抜粋
して紹介します。

（1）プロトタイピングに関する構造をマップ化する

　プロトタイピング主導のイノベーションは機能横断的なチームが必要であり、既存
の組織図では対応できないと指摘しています。そのために必要なのが「構造のマップ
化」です。つまり、誰がプロトタイプをつくるか、誰が何を評価し、誰がユーザーに
聞きに行って課題を抽出し、誰がその課題を修正するのかをマップにします。そして、

理想の状態を定義して、現状との差分を埋めて理想に近づけるのです。

▒ (2) プロトタイピングスケジュールを制度化する

プロトタイピング主導のイノベーションを起こす、プロトタイピングカルチャーを持つ組織への移行は、早いプロトタイピングを繰り返している企業が顕著であることを指摘しています。そして、そのためにはデザインチームが最適であるタイミングでプロトタイピングをするのではなく、「1週間に1個つくる」などスケジュールを決めてしまうことで、早く頻繁なプロトタイピングを実現することにつながります。

▒ (3) マネージャー層、経営層を巻き込む

プロトタイピングカルチャーが根付いていない組織では、プロトタイプをつくってマネージャー層や経営層に見せても、本当の意義が理解されず、クオリティの低いものをつくってきたと思われてしまい却下されてしまうことが起こります。それを防ぐために、マネージャー層・経営層にプロトタイピングの現場に来てもらい、気づきを発言してもらう。そしてその気づきを部分的でも取り入れることで、プロトタイピングの価値を体感してもらうことが重要です。

▒ (4) 外部のステークホルダーにプロトタイプを開放する

プロトタイプは開発者のもの、デザイナーのもの、マーケティング担当者のものなど固有のものではなく、組織の財産であると捉える必要があります。そして、その範囲は組織の外のユーザーやパートナー企業も含むことが重要です。ユーザーやパートナー企業にプロトタイプを見せることでフィードバックをもらい、巻き込む。それにより、プロトタイピングコミュニティの一員にして継続的な関係をつくっていきます。

*1: M.Schrage, Cultures of prototyping, Bringing design to software, 4.1 (1996): 1-11.

1

2

3

4

5

付録

　本書で紹介したプロトタイピングに関するドキュメントが付録としてダウンロードできます。

▶ ダウンロード
　https://www.shoeisha.co.jp/book/download/9784798175003/

・プロトタイピングシート
　プロトタイピングを設計するときのシートです。1枚でシンプルにプロトタイピング戦略を考えることができます。使用時は20分や30分など、時間を決めて時間内で項目を埋めてください。

・チラシのプロトタイプ用テンプレート
　チラシのプロトタイプをつくるときのテンプレートです。こちらもプロトタイピングシートと同様、使用時は20分や30分など、時間を決めて時間内で項目を埋めてください。

・インタビューシートテンプレート
　インタビュー項目が記載された、インタビュー設計時のテンプレートです。インタビューする内容や時間などは適宜変更してご利用ください。

・プロトタイピング評価シートテンプレート
　プロトタイピングを評価する際に用いる項目が記載された、評価時のテンプレートです。評価基準や項目などは適宜変更してご利用ください。

おわりに

　突拍子もないのですが、人類学者のリチャード・ランガム博士によると、人間が最初に火を使い始めたのは180万年前の原人ホモ・エレクトスの時代のようです。その最初に火を使い始めたときのことを少し想像してみましょう。原人の中の一人が石と石を打ちつけると、火花が散った。その火花にみんなが驚き、誰かが火花から火をつけてみることを試してみるが失敗する。何度も挑戦し失敗し続け、その失敗から学ぶことで、火をつけることに成功する。この原人が実行した、可能性があることを仮説として試し、行動を通じて人を巻き込み、失敗しながら学習し、新しいものを生み出すというプロセスこそ、プロトタイピングの持つ力だと考えています。つまり、新規事業はもちろん、あらゆる新しいものを生み出すことにつながる概念であると。プロトタイピングについて本書で紹介した範囲は部分的なものに過ぎません。ぜひ、実践や興味範囲でのリサーチを通じて、プロトタイピングを深く掘ってみてください。そして、みんなが子どものような遊び心と熱意を持ち新しいものを生み出し続けるような、プロトタイピングカルチャーを一緒につくっていきましょう。

　また、本書を執筆するにあたり、多くの方にお世話になりました。まず、本書の編集をしてくださった翔泳社の関根康浩さん、デザインをしていただけた宮嶋章文さん。また、関根さんをご紹介していただいた同社の栗原茂さん、ありがとうございました。

　また、事例掲載を快諾してくれましたキヤノンマーケティングジャパン株式会社さま、サントリーホールディングス株式会社デジタル本部デジタルマーケティング部さま、株式会社ネクスウェイさま、パナソニック ホールディングス株式会社 くらし基盤技術センターさま、一般社団法人PLAYERSさま、homeal株式会社さまにも改めて感謝を申し上げます。

　本書のレビューをしていただきました赤木真由さん、有賀優さん、安藤晴康さん、梅原康平さん、小川泰明さん、覚前真奈実さん、狩谷遥一さん、草野孔希さん、幸地美奈さん、木暮次郎さん、髙橋克実さん、高橋靖正さん、本美勝史さん、堀内一彦さん、横川恒さん、米元健二さん。みなさまには大変有益な

コメントをいただき、ブラッシュアップすることができました。本当にありがとうございます。

　また、合同会社veerncaの阿部菜々子さん、安藤昭太さん、佐藤尋宣さん、佐藤優介さん、藤井賢二さんには実施したプロトタイピングを振り返るインタビューと、素敵なスケッチを本書内で使わせていただきました。ありがとうございます。

　株式会社bridgeの大長伸行さんとともに新規事業文脈における活動を通してプロトタイピングを実践でき、本書に執筆した内容に影響を与えてくれています。インターンの仲真吾さんと松川来未さんには大学生の募集などでご協力いただきました。また、本書の出版につながる連載を翔泳社さんと調整していただいた井上千絵さん、ありがとうございます。

　S&D Prototyping株式会社のインターン古川公士さんには大学生の募集やプロジェクトにおいて協力いただけました。また、株式会社PRISMの園田励さんには本書に掲載した事例などでプロトタイピングをともに実践していただけ、本書の内容に影響を与えてくれました、ありがとうございます。

　そして、執筆に多くの時間を割く私を見守ってくれたうえ、原稿のわかりやすさについてフィードバックをくれた妻の映子、私が子どものときから大量の本を購入する費用を惜しみなく出してくれていた母、そしてなにより、今は亡き父に感謝します。

　最後に、本書を手に取ってくれ、お読みいただけたみなさま、本当にありがとうございます。本を閉じ、さっそくプロトタイピングをしてみてください。それが未来をつくる、新しいものを生み出すきっかけになるはずです。

Today is a Prototype for Future.[1]

今日は、未来のためのプロトタイプである。

*1: 『デザイナーのためのプロトタイピング入門』（キャスリン・マッケルロイ 著、安藤貴子 翻訳／ビー・エヌ・エヌ新社／2019年）の中の言葉を部分的に調整

著者プロフィール

三冨敬太（みとみけいた）

プロトタイピング専門会社 S&D Prototyping 株式会社 代表取締役社長。
慶應義塾大学大学院システムデザイン・マネジメント研究科後期博士課
程在学中、リサーチ担当研究員。所属学会は The American Society of
Mechanical Engineers 、Design Research Society など。

ブックデザイン・図版：宮嶋章文
レイアウト：BUCH⁺
編集：関根康浩

失敗から学ぶ技術
新規事業開発を成功に導くプロトタイピングの教科書

2022 年9月20日 初版第1刷発行

著　　　者　　三冨敬太
発 行 人　　佐々木幹夫
発 行 所　　株式会社翔泳社（https://www.shoeisha.co.jp）
印刷・製本　　日経印刷株式会社

ISBN978-4-7981-7500-3　　　　Printed in Japan